Aledaños de partida

Waldo Pérez Cino
Aledaños de partida

© Waldo Pérez Cino, 2015
© Fotografía de cubierta: W Pérez Cino, 2015
© Bokeh, 2015

ISBN: 978-94-91515-19-4

Todos los derechos reservados. Cualquier forma de reproducción, distribución, comunicación pública o transformación de esta obra sólo puede ser realizada con la autorización de sus titulares, salvo excepción prevista por la ley.

Índice

Cuerpo y sombra (2010)

I.
Circunloquio 13
A la orilla 15
Siesta 17
Ningún día 18
Acteón 19
Momentos 21
La caverna 22
La memoria de Elea 24
Isabel, viuda de Hernando 26
Friné 28
La intemperie 29
La ribera 31
Tanta luz 32
A las puertas de Santiago 33
La estela en el espejo 35

II.
Lumbre 39
Sombra 40
La casa que no habito 42
Ritmos 45
El aire 47
Los colores 49

III.
Dos lugares 53
La mirada 55
Carpe diem 57
Estancia 59
La noche 60
De nuevo 62
Sorpresas, sobresalto 63
Epidauro en Leiden 64

IV.
Tanto cansada 69
Los días triviales 70
En los atrios
de la casa de Jehová 71
La sonrisa 74
A ciegas 75

V.
Fija en su presteza 79
Todo 81
Calistenia 83
La hierba 84
Endura 86

Lo dicho 88
Debajo 89

APUNTES SOBRE WEYLER (2012)
I.
La letra que debajo 97
Bajo otra forma del sosiego 98
Marfil del sueño 99
Mayo 100
La incrédula 101
El arca (Génesis VII, 17) 102

II.
La presa 107
Un modo 108

III.
El agrimensor 111
Los peces 113
El frío 114
Mediodía 116
En propia ausencia 117

IV.
Penitencia 121
El apuntador 124
El reparto de los naipes 126

V.
Docena 131
Las barcas 133
La escucha 135
Longinos 138

VI.
Ficta confessio 145
Los días reales 147
La lectura 148

TEMA Y REMA (2013)
I.
Las palabras 157
De ti donde faltara 159
Anámnesis: insomnio 161
Cuesta arriba 163
Bajo el agua 166

II.
Babel 169
Certera sombra 170
Los oficios 171
Paisaje 172

III.
Las dunas 175
Entretanto 176
Abrevadero 178
Medea 179
Claridades 181

IV.
Nadie 187
El mercado de los pájaros 188
Los ríos extraños 190
Contornos 194
Los sucesos 195

ESCOLIO SOBRE EL BLANCO (2014)

I.
Lienzo del acuerdo 203
Los arreos 204
Vela gruesa 205
El miedo 206
Pentimento 207
Cuando pesa la culpa
bajo el agua 208
Los cubiertos 209

II.
Primavera 215
Fabulari ex re 216
Noviembre 218
Octubre 219

III.
Secuela de Procusto 223
El pregón a media tarde 224
Los umbrales 225
Escolio sobre el blanco 226

IV.
Postraciones 231
Cuerpo del fantasma 232
Anatomía del coágulo 233
Las rendijas 234
Le mot juste 236
Las compuertas 238

V.
Leben im Aufschub 241
Lo que pospone 242

't Waagstuck 244
Los múltiplos 245

VI.
Rémoras 249
Otra versión del miedo 251
Mareos 252
Los centros 253
El hábito 254
Disculpas 255
Blusa blanca 256

VII.
Schelde 259
A propia muerte 260
La piel traslúcida 262
Las preguntas 263

DINÁMICA DEL MEDIO
Pórtico de los empeños 269

I.
La siega 273
La balada del fuego y el arrojo 274
El agrimensor 275
Estraperlo 276
Recámara del tránsito 277
Dilación de la obediencia 278
Juicy Salif 279
Nana de los consejos 280
Acuerdo tácito el del medio .. 281

II.
Lo que condiga.................... 285
An Almond for a Parrat........ 286
How hardly I leave
this commonplace 287
None but barbers
meddle with the head........... 288
O eloquence......................... 289
Aledaños de partida 290

III.
Noche de los cuerpos............ 295
El embite.............................. 296
Como si en el acto último 297
Cien volando........................ 298
Noche de la lluvia................. 299
Ahora escribo sombras.......... 300
Sinopsis................................ 301

IV.
La humedad de las manos
a la nuca............................... 305
La plaza de la balanza........... 306
La fachada............................ 307
Esbozo de la patria 309
Pompeya, 1956 310
Resabios 311
Los sonámbulos....................312
Piedra segunda.....................313
Las volutas 314
Penélope conversa su destino.315
Coda.....................................316
Ítaca.....................................317

V.
La porfía 321
La grieta............................... 322
Pabellones del reposo............ 323
El trazo que debajo............... 324
En las marismas 326
La heráldica.......................... 327
Del pasado a sabiendas......... 328
De la constancia inútil 329
Y siempre luego 330

VI.
A menos tiento 333
Los cuadernos negros 334
El gran cisma 336
Del verano en Delft.............. 337
La estiba............................... 338
Arte de la enmienda 339
Ante la aduana 340
Delgada sombra 341
Las brazadas......................... 342

VII.
Con qué cuerpo
el arúspice interroga 345
Lago Constanza 346
Curva de lo propio 347

Cuerpo y sombra

(2010)

I.

Nec quae praeterit, iterum reuocabitur unda,
Nec quae praeterit, hora redire potest.

Ovidio

Circunloquio

> trattando l'ombre come cosa salda
>
> *Purgatorio*, XXI, 136

No hay milagro. La presencia
es ausencia de la nada, el circunloquio
de quien pone a sitio un río
o la memoria, no hay presencia
ni ausencia disculpada
en la noche de un día que no ha sido.
Ensayar no es decir,
no hay nadie en la penumbra
de quien se cubre los ojos con la mano
por no ser quien atisbe
sin consentimiento, sin regalo
un cuerpo que se ofrece en la ventana.
Ya no está ella, está la mano
que cubre el ojo que imagina,
el temblor de quien espera
la visión del milagro, lengua clara
en la zarza que arde, su presencia
menos cuerpo que espera, menos cierta
que ansia. Bajo la mano los ojos
mirándola, mirándote, callados
en sordo estarse, en silencio de apetencias.
Cosa sólida la sombra, en cuerpo devenida
despreocupada sombra del milagro
y del que mira, sombra de la llama

que se consume a sí misma en la ventana
y se hace entonces cuerpo, un torso
no más una silueta que transita
sin ojos que respondan al reclamo
de saber qué diga el brazo
que se eleva, qué sentido habrá la pierna
que se extiende luego y que reposa,
qué apetencias
o qué sombras busque el cuerpo
sin mirada que lo ofrezca o que se cubra
en los gestos que repite si son gestos
si consiente ella o si regala
su visión en la noche, la tremenda
pausa desnuda, tan expuesta
a milagro, a no ser nada, a ser si acaso
sonrisa oscura o apenas carne ciega.

A la orilla

Ida de vuelta se torna tan extraña
la cara sobre el agua,
la tarde misma en que se busca
ese hombre el rostro sobre el río
o en que bebe, acaso, sólo
a la orilla de siempre, cotidiana
la sed y la cita junto al Tajo.
Por un segundo, duda. Adónde vuelve,
si volver
fuera el gesto que lo ciega,
ya en olvido de antemano
pactada su ceguera o su blancura.

Niebla que trama su pacto, su cordial
estadía. No hay retorno, o pareciera
no haberlo desde el tiempo
del otoño, en que las cosas
tienen ya su sitio, anclada sombra,
y ya es remoto el cuerpo del que son
la sombra, la huella, el curso solo
que sigue sin remedio un rumbo ajeno
o lo bastante
como para que parezca de otro.

Fue otro —otro de lejos—
quien labró su cauce, el agua misma
que lo recorre es agua extraña,

sólo acaso
sea de suyo el cuerpo cuya sombra
se asoma a menudo en el torrente,
por mirarse
el rostro lejano, el cuerpo que las aguas
trasiegan hacia el mar,
siempre los ríos
trasegando en su corriente falso espejo.
Y quién supiera
cuál de los dos ahora se asoma:
éste de la orilla o el otro, el que transcurre
de tan lejos hasta el mar, aquél o aquella
sombra cordial que abreva nieblas,
que se miente
beber por arrimarse al rostro
que sólo de pasada reconoce,
si es que acude
o se deja llamar, en la ribera
de rodillas sobre el limo;
un cuenco, la mano en su caudal
y el agua siempre que se escurre
al agua, sobre el otro, a la corriente.

Siesta

Tiempo adormilado, siesta la del día
que enlaza los destinos en un hilo,
el día que no será memoria sino víspera.

Memoria la del otro, el tiempo vivo
la del hecho o la palabra, de la lluvia
bajo el perfil de la casa, nunca de sus nubes,
que la lluvia no es lluvia hasta que cae.

Ningún día

Otra vez no es ninguna:
mermada la ocasión, *otra* no dice
sino un índice, la marca torpe
de que haya pasado un día lo que ya
no volverá, y ahora es trasunto.

Ni otra vez ni de nuevo
ni retorno, lo que fue seguirá siendo
sin que lo roya la mentida vuelta.
Vendrá más cerca, parecerá si acaso
bajo la luz de ahora ya otra cosa:

pero igual será la misma noche
duplicada tan sólo en su reflejo.
Otra vez no es ninguna, no te mientas
que será mejor ni peor lo que no es;
ya fue, ya se hizo. Y ahora es palabra.

Acteón

Qué púrpuras, sobre la tela qué dragones
conduciendo el carro inmarcesible de la diosa.
La otra tela que las Parcas tejen y destejen
no conoce las humildes letanías
que acercan un poema ni los hilos que lo bordan.
Qué pobre tejido, qué aguado tinte, qué desdicha
que la diosa del Poema calladamente pierde,
pero qué reverso, qué hilo en la garganta,
ese estupor antiguo que calladamente ignora:
suya es la suerte que este confín de guerras
desdibuja desde el poniente hasta la aurora.
Suyo es lo que es, no el reverso que es doble y uno,
y el trepidante carro: poco es lo que pierde,
si está salvando el todo; la poca inerte cosa
duple y sin un centro que tanto en la sombra,
tanto, cuesta y que es el soplo que repite
sin un fin ni un final las mismas variaciones.

Qué púrpuras, entonces, remeda el torpe ciego
que contempla el baño de la diosa que es la misma
diosa del Poema, que es la misma en la infinita
letanía que es la infinita letanía del Poema.
Así todo poema es el Poema, y los perros que la cuidan
son la misma serpiente que la salva guerra afina;
y la trampa de los dioses que la trampa
del caballo de madera cubren con el velo
como la agonía de Laocoonte se repite, como el velo

de Abeles y Caínes que se guardan, esperando
el último címbalo, el ruiseñor que tras la púrpura
escanda el último ruego, el ruego que consista
sólo en ser un ruego, aquel punto en el que Diana
se vuelva y ya entonces no haya velos,
ni pródiga se esparza la ceniza
del cerrado jardín que soñaron y que abrieron
como el arco de la espera los soñados siete días.

Ah, la vanidad de la púrpura y del ábside
que en la púrpura tejen y destejen.
Ah, tristeza de la carne de marfil que en el arroyo
umbroso de su púrpura se pierde y se defiende
con la púrpura de sangre, en las mandíbulas de hilo:
vanidad de vanidades en la verdad de las verdades
del centro que tan resueltamente es,
sobre un cáliz de dos asas con el ojo
en los dos lados de la cara,
tras los mil ojos de la noche:
pues el brocado que hacia el mármol se traslada
es ya mármol, la mirada del que mira y es mirado
como la que se vuelve asunta término y principio
de la desnudez de la carne que a su pesar se ofrece.

Momentos

El momento de ahora, el que se pierde
ya ahora mismo, sin vuelta ni retorno
como las palabras
que ahora son posibles, mas que luego
serán humo en la memoria, las palabras
que no dije en su sitio, en su sitio o en su día
y que ya no serán, no fueron
ni pasado ni memoria, ni palabra.

La luz lo ahueca todo, en la penumbra
seguirán si acaso resonando, nadie escucha
en su noche lo que no fue en el día
ni reclama su voz, ni se despierta
del sueño en que duerme, o en que gravita
su voz sin decir, su voz de muerto.

Nadie quiere
las palabras que no fueron
ni dichas ni mentidas, las palabras
que extrañará el día como extraña
alguien las voces y las cosas
que tuvo en sueños y que no están ya.

La caverna

La completa lo que le falta,
sobran
de su estatura esas carencias:
variaciones de otra sombra, sombra
ella misma y su figura, menos sombra
que vínculo, el lazo oscuro
que ata al doble su presencia.

Aun sin luz, siempre acompaña
esta sombra que ahora digo.
Aun sin luz se reconstruye
en otra ausencia, suya la medida
del doble que la merma:
poco a poco sus trazos van poblando
la piedra, la casa del hombre que se sienta
junto al fuego, que baila si es momento
y calla, vierte agua
sobre el fuego y después traza
—nadie que vislumbre
a sabiendas su mañana: a ciegas—
la cacería, la fiesta, acaso la victoria
y su propia sombra entre las bestias
que ciñe entretanto con los dedos.

Y así transcurre, la dibuja, así se entrega
a sus figuras, sombras
de la sombra, negro sobre negro la silueta

como los carbones de la hoguera
que siendo llama la reflejan
donde siempre, en su escenario
sobre la pared de la caverna.

La memoria de Elea
Damón, alfarero en Cumas, recuerda curiosamente los misterios

Llevado del azar camina el viejo
mientras los pies se le hunden en el barro
que agachándose, amasa con las manos;
una fila de luces que pasa por el valle
y un roble y un pájaro en el cielo...
Algo, ay, se le esconde en la memoria,
en los colores de la tierra que a la noche
interrogará largamente en la cabaña.
¿Acaso son las luces? ¿Era un roble el árbol
o era un árbol la encina poderosa?

Otros pasos recurren sobre el barro
y desbrozan la maraña que en la selva
tejido ha la ausencia de los pasos.
Como una lección la memoria se repite
palabras que debió algún día haber pensado:
predicable sólo de sí mismo, el ser del dios
que las antorchas iluminan es su nada,
el leve trueque en espiral que el ser incoa:
pleonexia de sí mismo, no puede ser no siendo
tal como promueve
la ausencia de los pasos la maleza.

Las briznas de fuego que en la noche
escapan del círculo del templo

se mueren y se pierden en la selva desmedida.
Sólo de sí mismo el juicio predicado
sobre el ser del dios es su misma identidad
que también se alarma en los espejos:
vano múltiplo del ente innecesario
que puede ser o no ser, ícono del templo
mil veces reflejado espejo contra espejo;
sombra, mil veces padeciendo
la otra sombra somera que la nutre.

Pobre y plena paradoja de sí misma
se repite la noche en los inviernos sucesivos.
No los hombres del rito pero sí tal vez las almas
purgadas en la naturaleza de los dioses;
no –nunca– los hombres pero sí el hombre,
no la efímera chispa de la antorcha sino el fuego
consumiéndose a sí mismo, predicándose
como el ser del Ser, el círculo infinito...

Idéntico al círculo que el torno imprime al barro,
a las líneas de la vasija que unas manos
pueblan de figuras de dioses y de hombres.
Uno y el mismo, el fuego cocerá la tierra extraña
que el alfarero griego puebla de la patria
recordando de aquel rincón de Elea la muchacha
y el sabor de los vinos, no los ritos
de los órficos ni las palabras de los dioses
que hoy son, por la magia del recuerdo, sus cabellos
y que ha impuesto la tradición a sus pinceles.

Isabel, viuda de Hernando

> Quand tu sauras mon crime et le sort qui m'accable, n'en mourrai pas moins; j'en mourrai plus coupable.
>
> Racine, *Fedre*

Pasión del equilibrio que en su pálpito
las pálpebras del ojo despereza:
la mudanza del centro incoa su abismo,
revistiendo su asombro de alabanza;
callada pasa a veces, callada siempre suma
en la fortuna el hilo de su Ariadna
y se desvela en corredores y atalayas.

Sola: sola en su abismo y en su isla
barbacana de la ausencia son los soles
demorando su trama en la balanza
inaccesible al cuerpo, empero concebible
en la fuga del ángel que desciende
sobre todas las aguas, sobre líquenes y musgos;
regazo de la Virgen consumiendo
el cuerpo del hombre:
ya sin rostro, asaeteado,
uno con la tierra en la que sombra
y fuga y cercanas atalayas son las aguas.

Y cómo aún se pierde su mano entre los días
que no podrá tocar dos veces, cómo el día

se promete –ay– vilordo su equilibrio;
pobre calma de donante que en la ofrenda
se acerca a un Sebastián lejano, concibiendo
un esmerado perdón en la gracia, una sonrisa,
ligero aplazamiento de la Culpa;
pero no –nunca– de la espera ni en los lloros
que en cualquier río se injertan,
que más, se pudren en las barcas
zarpando apresuradas del abrigo de su puerto:
en cualquier barca en la partida, como ella
al abrigo de su dádiva demorándose en la espera.

Friné

Dí, mi amiga, qué frontera confundió
la frontera de tu piel, cuál signo alado
te despojó del recuerdo y de las alas
que baten en el mar, qué realidad
afantasmó esas ondas, cuál sorpresa.

Los vientos que remedan en el templo
la voz del dios no son el dios, son viento;
la vida que mataste por la vida
no es, mi amiga, el peso que gravita:
es el aire que se agita y que se escapa.

La pradera que ese viento sucesivo
brinda es el confín de la pradera.
Sólo su centro regala el peso que la vida
no permuta ni afinca, no trucida;
por eso no existe la llanura

ni existe la montaña ni el periplo:
la única frontera es ese centro que la piel
yerra o que consigue, no que busca;
la búsqueda de un centro es un fantasma,
y la lujuria de sus luces es la muerte.

La intemperie

¿Quién figurará su nombre,
quien lleve acaso
bajo el sol su pan deshecho?
El puente se transita en los dos rumbos,
ida y vuelta del que estiba
su fardo tan pesado, tan ligero
cuando cae, tan grave al levantarlo.

Dejad que lo cubran
la nieve, el musgo, la intemperie.
Piedra inmóvil,
el bosque arde y su llama no la quema.
Piedra cuando se hunde, tan ligera
en el mar y toca fondo,
por hacerse una con la arena
que será más tarde o más temprano
arena
de otro color que su epidermis.

Corteza del pan, sabor del horno
trazado en pliegues, incisiones
tronco, astilla que se clava
en la carne que se ofrece a su martirio,
trasiego del penitente que se arrastra
haciendo cuerpo
y sombra su promesa: qué ligero
su peso cuando cae, cuán liviano

abismo el que mora en su perfil,
qué miga tan deshecha
y prometida en la boca que la muerde
anhelante, y luego escupe
saliva y sangre, el cuerpo mismo
que tragará la tierra, el alimento
que será luego de un peñón,
raíz del humo
que consume el bosque en torno
y así medra, que conserva
del fardo siempre el peso,
la gravedad que cobran los objetos
cuando se levantan a otra altura.

Dejadlo a la intemperie, que lo cubran
costras y líquenes, el aire que le imponga
su aliento siempre ajeno, que custodie
su ligereza de hundirse
en bamboleo bajo el agua, casa
que nos devolverá la arena
como un favor devuelto apenas
ya irreconocible su cuerpo en la marea.

La ribera

Tierra espesa de la orilla, seca cuando falta
el río y limo cuando fluye, tierra siempre
fermentando en su ribera, la ribera
que no irá nunca a la mar sino en fragmentos
que disuelve, ya sin nombre, la corriente.

Tanta luz

Tanta luz ahueca el fondo
de los días, los minutos
corren a su muerte más despacio.

Luego, ya, ahora (en la penumbra
que se hará de nuevo sin remedio)
no habrá luz sino el volumen
mentido de las cosas, el centro hueco
que es como una caja en la memoria
y que no conserva del día tu silueta
ni las luces, ni tu mirada ni las cosas
ni mucho menos el instante
en que atisbamos crecida su figura.

Tanta luz, y tan en falta hasta la próxima
vez en que alarguen su agonía los minutos
y quepamos de nuevo bajo el manto
ampliado de su cuerpo, la coraza que cobija
mientras allí se esté, y desmenuzan luego
la memoria o el poema, y en ambos el olvido.

A las puertas de Santiago

Extraña ceguera la del curso
de los días si van a cuerpo lento,
si se dilata su medida
en el dominio de otra espera.

Otra antesala demorada, espera
o más pausado atisbo que otra cosa,
curso blanco
ausente de sí mismo,
como la visión del peregrino
ciego a las puertas de Santiago:
Su visión, el imposible
manto que despoja de luces los colores
de la piedra y de las gentes,
los murmullos
al final ahora del Camino.

Su visión, ahora. Los colores
o su víspera. Ya ha llegado,
y hay murmullos sólo, ruidos,
el incienso que se quema y huele
su blancura infinita. Asombro,
que no haya
colores ni milagro sino el blanco,
el Camino ya sin término en su término
alcanzado, sin lindes ni una meta,
ni frontera

sino curso en su ceguera,
el mismo curso
que lo llevará de vuelta
a la casa lejana, sobre el mismo
Camino que es ya otro si desanda
sus pasos de ciego, la penumbra
del tiempo de la vuelta,
las posadas y los altos
donde estuvo y que ya no reconoce,
nuevos
en su densa demora,
niebla siempre
bajo su ciega eternidad.

La estela en el espejo

Diarmaid Mc Cearhail, biznieto de Niall, esboza
una parábola que comprende a Jasón y a César

Quién podrá entender el secreto laberinto del viaje,
el orden de las cosas que concurren a un periplo
mágico y silente; concurrido es el puerto donde parten
pero quién esperará el retorno de los hombres
si parte del juego es el adiós; el bagaje, el talismán,
que preludian y consienten, pero a la vuelta qué amuleto
disculpará la memoria del viajero, la tácita sonrisa.

Cuánto la víspera la conquista y la victoria
ejercitándose fingen su trama nueve veces:
nadie ha ensayado el desmedro ni los pasos de la vuelta,
mas... ¿qué regreso es retorno? Ya la trama murió lejos
en el gesto del vencedor o del vencido, no en el que pasea
el improvisado rictus del triunfo en los predios del reino
que aún de derecho concedido, relegaban
el azar y el juego de poder que divertían
ganar como un premio lo que a la sangre pertenece.

Sólo un retorno nos ha sido deparado, más un ademán
que una práctica, más una aventura que el sueño previsto
para el momento en que el éxito vuelva la cabeza:
la santa incertidumbre del hombre aguijonando la bestia
para cruzar el arroyo que lo une y lo separa
de Romeburg, del puente donde el círculo se cierra
sobre la misma esperanza que ha incoado su sentido.

II.

Pero el huidizo no ve el cuchillo que le pregunta, es de la madre, de los postigos asegurados, de quien se huye.

Lezama Lima

Lumbre

Primero un punto, alguna lumbre
lejana que crepita.
Quién la oyera
si viene sólo como algo que titila
y se apaga luego por momentos,
quién la viera
acercarse, lenta, ya una llama
para quien mantuviera la mirada
sobre donde ahora parpadea.
Quién dejara
clavada la vista en su distancia,
el punto ciego
donde la luz abrasa su medida,
quieta la pupila
anegándose de sombra
y ya en la sombra
donde yazga todavía, intermitente
la promesa de su luz, haciendo clara
la presencia,
no pospuesta
sino llama, luz tan plena
que se la sienta crepitar
lumbre tan cercana, por fin ciega,
una sola la pupila y su candela.

Sombra

Gestos repetidos, tan parcos ademanes
sobrepuestos a la hora, claro antojo,
ciclo de quien tanto se sabe detenido
que observado, apresto ciego
con más de querencias que de pacto.

Cada gesto es el mismo y es distinto.

Cada uno es parte o pieza, ensayo,
aun sin quererlo arriendo en su caudal;
cada manantial mana sus aguas, salto
que borbota y se muere en su frescor.

Así cada gesto arriesga el mismo signo
de lo que quiere, apetencia del deseo
en su ensayo sosegada, tan continua
la práctica que conduce a su final,
y vuelta al primer punto, gesto antiguo
la demorada prestancia del que espera
una cifra o el signo, la mirada
que entretanto se consienta
definitiva o compartida, ya no ensayo
ni solo apresto, ya completa.

No hay mirada. No hay milagro
ni sueño ni sentido en la penumbra
sino ausencia que revela: zarza rala

en la noche de un día que no ha sido
sino carne de un instante, bulto y sombra.

La casa que no habito

El suelo de baldosas frías, las persianas
de caoba y la madera
de las puertas que el verano
dilata y contrae enero.
La lluvia en el jardín, el agua
deshecha en remolinos
sobre el tragante del patio;
el patio, húmedo desde la sombra
de un sillón y la cocina
con la alacena de loza, la mesa
pequeña de los días sin hambre.

Y los libros, las páginas que pueblan
la casa que no habito.

Las primeras veces y también las últimas:
el amor, una muerte, despedidas,
una noche en vela o una fiesta,
y la reja que chirría y anuncia las visitas
y las idas y promete los retornos
que tal vez no serán, o ya no fueron.
Y las ventanas, el sueño de una tarde,
una mañana temprano de llovizna
y el olor de la tierra que se abre.
La ciudad afuera, a oscuras la ciudad
tan de lejos y uno a salvo; las hormigas
que trasiegan algo como siempre,

y la ciudad dormida que se muere.

Todas estas cosas son la casa
o —qué digo— son, también, la casa:
como las páginas de los libros que no habito
pero cuyo sitio sé al dedillo
como todas las noches que no fueron
pero bien pudieron haber sido.

II.

Fantasma la casa, ausencia suya
que suplanta la mía sin quererlo:
callada ausencia, ausencia vana
en cada retorno y en las vueltas
de la memoria, en las líneas
que no leo mas barrunto
como un rezo, letanía de quien lee
entre la casa y su susurro, bajo el sol
y la noche tan larga del que espera
el milagro imposible, la lejana
luz del sueño, más neblina
que susurro, más querencia que disculpa
de la ausencia o del retorno,
menos suerte que lejano
claroscuro consumiéndose
en la llama de los cirios
que tan deprisa arden, candela
que hasta su final no alumbra
pero quema siempre, y se consume

en cada brisa –fuego llano– que lo agita:
escoldo o brasa, murmullo de las páginas
que alimentan su hoguera y sé al dedillo.

Ritmos

Un surco traza el ritmo
de su propia cadencia, su estribillo
de hambres que se bastan,
la certeza
repetida de su origen, de alimento
y origen, por concierto.

Qué concierto
que baste a su penumbra, a sinfonías
cuyo medio es siempre centro,
y siempre término y principio.
Qué concierto, o qué aquelarre,
o qué medida. La certeza

no se basta si se trata de los fines.
La certeza
es una llama que titila, que se apaga
allí donde soplan otros vientos,
donde la melodía suple su principio
tan en acuerdo, tanto en duda:

Poco de sus fueros, una nota
acompañada por las otras
en silencio si no fuera porque *nota*
es palabra de presencias, su consenso
no entiende de mutismos, no se deja
llevar, se desbarranca

más bien sola, más bien ciega
rodando sobre el surco, dejándose
en el surco la saliva
y la respuesta, acaso la certeza
de quien no tiene sino dudas
y aun así baila, sigue el ritmo

que le marcan los compases
la presencia de aquello
que fuere y allí falte
o esté, tan desolado asiento
cuando el músico descansa
y se arma sola su cadencia.

El aire

Pesa el aire o se acoraza; más que viento
pareciera corriente la que sopla
a no ser porque el río queda lejos, tanto
que fatiga en su camino, hecho fatiga
ya de imaginado, menos muerto
que cauce seco de antemano, sin orillas
ni yerba ni lodo en su ribera, sin camino
o camino él mismo transitado, idéntico
a quien lo busca y no lo encuentra, cuesta
tan arriba que subirla se hace espejo,
imagen del cuerpo presto cuando cae
o cuando caer le detiene la mirada
hecha ya otra su escala y su medida,
falso azogue la huella que hace al sitio.

El aire se hace duro a su silueta, enfrenta
sin llegar a resistirse su esqueleto.

El aire –también el aire– sordo
se torna majestuoso en superficie
horadable, en tierra para arados,
tierra yerma donde paste
lenta y a desgana alguna bestia.
El peso del cuerpo, el aire grave
le traen de cabeza, le sonsacan
a su medida otras escalas, otra suerte.

El peso del cuerpo cuando cae.

En ajetreo van y vienen sus demencias,
su aire grave. Van y vienen, quedan
en algún sitio como huella, pesan.

Los colores

Poco a poco el agua desdibuja
la luz del patio, la silueta
de las cosas se hace niebla
o humedades, y aun el muro
se ablanda, se diluye con el agua
y los colores
del muro y de la tarde se solapan.

La lluvia. De repente la lluvia
zanja en otro el patio, un musgo extraño
cobra cuerpo en su terreno,
transparencias
de sobria duermevela,
de un instante; de si acaso
un rato, tiempo denso
y al fin vago como el cuerpo
del muro que el agua desdibuja,
que dilata.

Lloverá siempre de nuevo, me figuro,
seguirá
haciéndose otra la tarde que no veo.
Seguirá eso mismo, ritual de cuántas veces,
ocurriendo sobre tardes
repetidas como el agua
que corre por el patio, que se pierde
en un tragante de la esquina

atorado a menudo por las hojas
que no levantaré, ya no,
porque todo eso continúa
pero no para mí. También el agua
me hace borrosa la memoria, la solapa
con el sueño o el deseo,
con las ganas
de esa lluvia y de ese patio, sus colores.

III.

Guiándole la sombra hasta la espada
Hasta el lecho delgado donde la muerte anchísima
se asoma
Donde una estrella sola le espera y le conduce
Nube ya, áspero polvo, vencido,
Sombra ya, muerto ya, vencido,
Hacia el sitio en que nada se devuelve.

G Baquero

Dos lugares

Camina, desanda solo su medida
quien vuelve de aquel sitio, ése
adonde sin saberlo siempre vuelve.
Aquel sitio, el lugar de las primeras
cosas —me pregunto— o lugar acaso
a secas de la vuelta.
Qué más dará si término o principio
o si ancla del origen, o destino
silencioso, el sitio aquel
donde sin quererlo se arma su madeja,
donde se quiebran las virtudes, y son otras
las que recurren bajo manga
las que acuden, como el placer oscuras
aun en el centro del abismo;
o justo, acaso sean por eso
las virtudes abisales, aquellas las del vértigo.

Desanda su ovillo, su esqueleto,
y camina, se remonta, escupe
bajo la égida siempre del retorno
y de la ausencia, si es ausencia
aquello que urde su medida.
Camina, arranca, se detiene
algunas veces, pocas: sólo un salto
en el presente o un olvido, o el silencio
de caminar despierto bajo el sueño
aquel donde se tejen pesadillas,

la sombra que lo anima a su regreso
del lugar donde no está, donde ahora
no está, qué más da cuál,
qué importa si el presente o el lejano,
si aquel que abandona o donde vuelve.
Qué importa, si el que fuere siempre clama
a más, por su distancia, a buena hora
para de nuevo la partida, el sueño
a contentarse, los pasos en la arena
y para las sirenas, la sordera, santa
y mentida casi siempre: más mentida
que silencio, menos cierto
el mástil que un pretexto, la oportuna
ocasión del testigo. Ciertas sólo
son las idas y venidas, la fatiga
de remontarse de nuevo, del camino
que aleja los dos sitios, y tampoco:
cierta es sólo su medida, su granada
demora, el sopor de no estar donde
ocurren las cosas, donde caben
los placeres del vértigo y el sueño.

La mirada

El balcón se ilumina, la penumbra
vuelta eco en el de enfrente.
Hay pasos en la calle, la madrugada
cobija y amplifica
los pasos y las sombras
de la muchacha que espera
sobre el balcón iluminado
a la otra que sube despacio la escalera.

Las siluetas se amplifican, las pisadas
no resuenan, ni resuena la luz
es luz callada
la que ampara las siluetas
la que cubre la penumbra de quien mira
hacerse sólo una las dos sombras
primero en el balcón, luego en el lecho
vislumbre más que vista o que mirada
menos paisaje que confusa
ansiedad del que escruta –la luz baja
y el lecho superficie donde sombra
y esperas y tiniebla se amalgaman–.

Callada la luz, el cielo raso
la madrugada de ausencia y de fantasmas
recorre su cauce sin saberlo
como recorren las sombras presentidas
la historia o las ficciones que cobijan

el eco y los balcones, la lámpara pequeña
olvidada junto al lecho, la ventana
entreabierta en demoras o de espera.

Ciega la luz, la luz transita
el eco y la penumbra, la visión
se aletarga en su suceso, siesta
del que atisba, de la sombra una sola imaginada
o presentida, sombras
las que concurren en la luz callada
y la cama descubierta, destendida
como los pasos que resuenan
en la aurora que abriga
la ilusión del sueño y del delirio,
ansiedad
tan larga de quien mira
y que mañana será nada,
mucho menos que ahora la certeza
del ojo y de la sombra, la certeza
de la luz apagada, silenciosa,
un ancla a la ventana, luz callada.

Carpe diem

Nadie escucha. La palabra
va y viene porque sí, porque su sitio
reclama que esté allí. Y acaso alguien
escuche y mienta y entreteja
tu voz que recurre, ya de vuelta.
No cabe la concordia
ni la identidad ni el doble, siempre otra
tu voz sin remedio una vez dicha.

Para esto no hay vuelta, ni tiempo,
ni regreso. Aquí y ahora. Perentorio
como siempre el presente,
como una fuga o un reclamo.
Perentorio y confiado en que habrá tiempo
de más, tiempo de sobra, tan mermado
el tiempo, como siempre
que algo ocurre, que algo rueda.

Tenemos tiempo. No tenemos
otra cosa sino su ausencia o su mentira.
Aun su ausencia la sabemos
ya muerta, ya mermada, ya remota
o callada lo menos: no resuena.
Tu voz, en cambio, las palabras
van y vienen y se pueblan
del resto, del imposible momento
y del abismo, del ruido y del tino.

Nadie escucha, no como debiera
la hojarasca del día. La barren la mentida
luz de hoy y del tiempo prometido.
Escuchar no es saber: saber qué cosa
si el cristal se empaña sin remedio,
y ya no vibra
si resuena tu voz, ni se despierta.

Estancia

Pálpito, latido contrahecho
de un instante detenido,
estancia plena
ya sin rumbo, estancia
sola, esquiva de trasuntos.
No llega a pulso un único latido
sin otro ritmo que presencias
ni más provecho que su estarse
quieto, o será hielo,
humo si se consume su minuto.

No es latido al que no sigue
otro ninguno ni otro lo precede.
No es instante el que no corre a su final,
ni sombra si algún cuerpo no proyecta
la mancha que lo sigue,
su trasunto de entreveras.

Será entonces otra cosa, menos
que luz o pálpito, neblina
porosa de su arbitrio,
dilatada
demora de su asombro
tan esquiva.

La noche

No es triste la noche.
La noche por sí misma
tiene escasas cosas a esconder
pero ninguna
que alcance su lamento,
su arquitectura tan granada
donde sombra y sombra no se duelan.

No es triste la noche,
sino el día
que se aletarga en su mutismo,
breve el tiempo
a primera vista del silencio.
Mentira, es tiempo largo
como ajena es la noche
a sus dolores, dolor sordo.

No es triste, la redimen
no ser sino el epílogo
de un tiempo que no es suyo,
el lapso previo
a su oscura neblina, la ceguera
que de siempre ha sido suya,
repetida.

(No es triste la noche;
Compartimos la noche como se parte

entre dos el pan:
Como esa lluvia
que se mira cómo cae sin remedio
sobre el pavimento, afuera,
entre dos en la ventana).

De nuevo

No hay de nuevo: de nuevo es otra cosa
distinta a la de ayer, distinta al día
que miente repetirse en la presencia
de una sombra, de la mano o del objeto
que se tienden fingiendo su medida.

No hay de nuevo. Lo mismo es sólo idéntico
a su doble mentido, al esqueleto
de medir los momentos, y su ausencia
ausencia sola; no es nada, es otra cosa
que aquello que nombra o se repite
y parece ser uno en lo que acuerda.

No hay acuerdo ni trato, no hay medida
entre un día que no ha sido y el de ayer,
el día que mentimos sin que fuera
en su mermada fiesta tan poblado.

Sorpresas, sobresalto

Es sorpresa lo que no viene regalado,
la manera en que las sombras se acomodan
sin que tercien voluntades.
Sorpresa es aquella que se escapa
de sí misma aun cuando no falta,
el gesto en que se cobra
la mano su apuro, su lapso demorado.

La puerta o una luz que se encienden a deshoras,
unos pasos cuya escucha se nos pierde
y de pronto aparece quien no viene sino llega.

Fuga y pálpito, postrimerías
del acto o del hecho, del día mismo.

Sorpresa es también la zarza
que arde en el desierto, la lluvia
que cae en el desierto, que se demora en su regalo
detenida
en su constancia, sólo nuestras
la pregunta y su sombra desmedida,
la hacienda del perplejo, su brillo matutino.

Epidauro en Leiden

Recinto o cuerda, el muro sobre el agua
bajo el cieno de la orilla sus dos lados.
Anudándose, a sí misma ceñida por los bordes,
más madeja que cuerda que transcurra
en su tramo el río, el puente, el escenario
que recorren bajo el agua los ahogados.
Encima, junto al reflejo del canal
el anfiteatro, la plaza donde alguien
atisba desde un banco de madera
a toda esa gente tan dispuesta entre las gradas
y el rincón donde escucha quedo el ciego
sus voces en el ágora, nunca bajo el río.
Encima nada, la quilla de las barcas
y una suerte de luz de si acaso entre los botes
cuyo cuerpo no vemos, cuyo rumbo
es ajeno, deriva siempre indiferente.
E indiferente, incierto y vago, sordo
también el rumbo, el rastro
de la luz colándose en el claro
que dejan entre sí las barcas sobre el agua,
entrevista sólo desde el fondo
que los remos revuelven en letargo,
que remueven
todos esos remos que reposan
su filo sobre el cieno, surcos ralos
bailando su deriva sobre el limo:
pértiga de gondolero más que remos

mejor parabien de luces en su cala
que nada que trasiegue, vivo,
su cuerpo sobre el río. De recinto ya sólo
el dibujo de las sombras bajo el agua
el cuadrilátero de sombra
que cada noche desdibuja la corriente:
de luces, de musgo de si acaso
rastro blando en la madera
carcomida, porosa allá en la sombra
que la refleja sobre el lecho inmóvil
que la repite sobre el rebaño en fuga,
sobre el volumen plateado, disperso de los peces
que se deshace ahora en estampida:
las brazadas, y luego ya de a pocos
los pasos sobre el agua, el curso mismo
de un cuerpo que se atreve al agua fría
de un cuerpo que atraviesa
la corriente en vilo como vuelven
cada año los salmones a su sitio:
las notas de algo vivo que no siguen
la cadencia de la cuerda ni su amarre
a cada orilla, la paz de los ahogados.
Las notas y su pálpito, cadencias
de un cuerpo bellísimo que arriesga
atravesar el vado en un milagro,
tibieza de la lluvia en las arenas
o calor de si acaso que crepita sobre notas
escritas en esa lengua que no entiendo,
y que a cambio sé tan bien, saben a ellas
las notas de tu cuerpo que se atreve.

De sombra ya sólo, de reposo
si acaso la visión desde abajo
–de debajo– de la luz, de ahora las luces
bajo la piel en la pupila que las sigue
atisbo de tanta
cosa cierta y sin nombre,
atisbo de tanto que prescinde
de milagro en lo real ya hecho milagro,
la certeza del que sigue a ciegas
la música de una partitura que no entiende
como quien mirase a través de una rendija
entre los dedos las gradas de Epidauro
y viera sólo piedra, el centro adentro de la piedra
los escalones en vez del círculo perfecto;
como quien mirase y viera sólo
el agua que se vierte sobre agua,
la corriente o la deriva en vez del rito
de imaginarse bajo el limo sin palabras
ni la verdad de saberse ahí más bien contigo.

IV.

¿Qué vas a recordar? ¿Qué quieres recordar, cuál hora?
Mirar lejos –mirar de lejos: mira de lejos quien atisba.
¿Qué vas a recordar? ¿La estela del cuerpo,
la sombra de los cuerpos –o sola la sombra, nada?

B Serraud

Tanto cansada

Qué seca su luz, tanto cansada. Y más de escasa:
tan pocas voces las que vienen acarreándola,
las voces tan mermadas, ocasión de su jauría.
Qué poca penumbra goza
su asistencia, su huerto malhadado, toda luz
llegada a vértigo, llevada
a hombros de su espejo, la mirada
de un instante que se arrumba lateral.

Lateral y fijo. Clavado en la madera,
hendido en tierra –como un surco o como líneas
de la mano de los muertos, como agua
que transcurra por su cauce a su final.
Tanto monta, tanto merma. Y más que en ello
su palabra, la palabra que no cesa, la palabra
aun perdida o en silencio tan reseca,
chamusquina
deshecha como polvo entre los dedos,
arena entre las manos que acarician
y aun, roce del ruego, en su murmullo.

Los días triviales

Geometría de baldosas, de círculo en el trigo,
de aro y sombra. A veces no hay respuesta
a veces nada estampa
sobre las cosas su respuesta, y la respuesta
es sobre todo su demora y su presciencia,
la suya o la de otra, el préstamo remoto.

Sombra a su caudal, muere la noche
mueren poco a poco las cosas que rodean
la espera y su silencio, la pregunta
se diluye como las cenizas en el río
o desvaída luz, ya de otra amanecida
sin que la retina conserve ningún punto
sin que guarde
su itinerario de memoria tan escasa
ni los sueños velados del insomne
—su ojo ciego, el breve torbellino
de las cosas al perderse bajo el agua.

En los atrios de la casa de Jehová

Vana arcilla su nombre, Señor,
que entre mis labios es sal.
La vista no muestra al cuerpo,
lo domeña, al barro lo moldea
el nombre del nombre, la máscara
primera de una serie sucesiva.

La sombra indica el cuerpo,
no su centro, tal como el tiempo
se le escapa a la arena dividida.
La arena que se siente contra el cuerpo
lo denota y lo mide, no lo entrega
ni tangible es la cifra de los gestos.

Cifra y no centro la penumbra
tras la mentida luz del ocaso
desdibuja la sombra de sus labios.
¿Qué otra sombra desde el véspero
a la aurora tu mano desdibuja
que diluya su mano en el olvido?

La lengua que a la piel conmueve
busca el centro que la sombra
derrama y la agonía húmeda y querida.
No recuerda ni nombra, mas transita
a la palabra y al cuerpo que remeda
con el nombre que lo tienta, inaccesible.

Así imita la caricia la secreta
delusión de lo que advoca,
el brazo dividido anotando la medida
de la inmensurable llaneza de la Forma
que sabe ser entre sus labios labio
o en mi pregunta la caricia de una forma.

Anhela el brazo que se extiende
hasta el punto que refracta la medida:
luego ya no quiere, luego la sonrisa
anhela sólo la tácita delicia
como anhela, Señor, el sueño el alma,
como quiere esa forma ser los puntos

que la jalonan, no la entrega
voluptuosa ni el espacio deseado
entre la huella del pie y del pie,
el único lapso que no mide sino engendra:
sucesivamente se oculta si la eternidad es sucesiva,
si no es máscara otra vez la ausencia de los velos

y el reverso del conjuro es infinito:
dicho es el cuerpo, mentida la palabra
en otra sucesión que conozco y que silencio.
Dicha de su cuerpo la palabra
no lo acerca, pues su numen es sólo vocativo
por más cerca escuchar del dulce canto

las mismas notas que en la misma noche
se prodigan, se dividen y se agotan:
es la sombra que a la sombra se regresa

soñando en mi sueño un largo abrazo
sobre la arena en que dos cuerpos se derraman
confundiendo la noche y su tiniebla.

La sonrisa

Qué te viste, sino la aceitada
paciencia sobre un cuerpo,
tan leve y como de niña su desnudo.

Te viste y te revela, te acicala
tan ligera la mañana, rota
la sonrisa que se vuelve y pide
sin súplica lo suyo; cabe al cuerpo
desvanecer su pátina en rigores
en la presencia opaca de otra carne
hecha otra la sonrisa con la suya
ya de rumor sordo, lustre anegado
en su estarse tan paciente, ya neblina,
vaharada del aliento, labios
vueltos prueba o agua que refracta
la silueta que quiebran, ya perdida
el aura del sueño, otra ganada
por envites, la visita repetida
de la copa a la boca del sediento
que tu mano enjuga, que devuelven
a su manera dócil las sábanas veladas
apretando la tela sobre el cuerpo.

A ciegas

Privilegiada mirada, un escenario
a oscuras, privilegio
del ensayo a ciegas, bien sabido
como sabe el cuerpo a otro
cuerpo ajeno, cuerpo al cabo.

Cuerpo ajeno, conocido, luego ajeno
al cabo cuerpo sólo
en el instante que asiste la penumbra.
Definitivo en el recuerdo
y ya en la víspera trasunto

de lo que pudo no ser, del otro
cuya mano es presencia
vista ciega
el único rastro en el camino
que ensaya su desmedro

una vez y otra, hasta la sombra
de la sombra repetida, de la insomne
jauría que carcome su tinglado
de palabras y de luces, tan mentido
el segundo aquel si está de vuelta.

V.

Otra vez no es ninguna:
Mermada la ocasión, otra no dice
Sino un índice, la marca torpe
De que haya pasado un día lo que ya
No volverá, y ahora es trasunto.

Fija en su presteza

Azul y rojo, la tremenda
inconsistencia de las horas cuando vuelven.
¿Alguien que no sepa
bien sabido que no es tiempo
sino rostros los que a veces
pareciera que regresan? Rostros
o sólo músculos, sombra o carne
trasegada y dispersa, párpados
abiertos, una mirada de entonces
que entonces respondía, que ahora sigue
allí continua, tan fija en su presteza.

Ahora: en este trasunto apenas,
vicario de retorno y despojado
del peso de los días, sin nada que lo ancle
a las horas, ni mañana ni noche,
sin nada que rezume.

Quién sabe, si se torna, si alguien sabe: quizá
mucho más nítido un rostro sin su tiempo,
sin tiempo ni memoria
alguna que lo turbe. O no o tal vez, o no,
y qué de oscuras, mal sabidas,
sospechas semejantes: quizá se desdibuje
por las ganas mismas de tenerlo entonces,
de ver horas en los días si es que asoman
de vuelta como un fantasma la cabeza,

aquellos ojos
a los que ya la palabra no acompaña.

Todo

Cómo se teje la penumbra, cuánto sabe
en la boca a milagro la piel cuando ya es cuerpo
y cómo quedan, cuánto medran
en la boca los sabores, todos
los efluvios que no se desvanecen;
el aliento de las ganas, la sonrisa
de la tarde que guarda dentro suyo
todo el tiempo de la vida, el tiempo entero
del curso de las cosas, confín y origen
de la voz y del milagro, la penumbra
tibia que en la sombra
sabe a la piel cuando ya es todo.

Todo eso, que es todo y que en la boca
se queda como un limo que estremece
paladares y pasados y las vidas
de una gata que avanza su placer,
el ronroneo
de un temblor, murmullo del abismo,
luz que empapa en torno lo contiguo
en pátina de niebla, de certeza
la dimensión de las cosas siendo ellas.

Ellas mismas: las que son, lo que hay
sin sucedáneo ni rémora. Sin que nada
mitigue el llano regocijo de la lengua
que crece como hierba, y es origen

y es término y principio, el sueño o el delirio
ya vuelto carne y cuerpo, tuyo y tibio.

Calistenia

Vinagre sobre el sol, la piel se guarda
de su propio equilibrio, a propia sombra.
Nadie conviene su mesura ni su exceso,
nadie
conviene al medio su esqueleto.
Fragmentos o resto despoblado, huellas;
la torsión de un cuerpo
que muestra ejemplar un ejercicio.
Nada más que su testimonial valor,
sólo el testigo. Pocas cosas
que quepa luego recordar, nadie
que convenga su memoria, nada
a repartir para recuerdos. Sólo
y si acaso —las palabras triviales—
los instantes del gesto, la pared
donde su sombra se repite,
el eco
y el filo oscuro tan callado, mudo,
y el sol afuera, su intemperie.

La hierba

Poco a poco se enhebran
su estío y su horizonte, las palabras
no por dichas menos muertas
en su dulce penumbra. La madre
que va y viene, que otea por ella
el aire como un ciervo
que avizora
peligro en los vapores
sordos del bosque y la mañana.

Avizora, otea, le hurta el cuerpo
a su hora en lo que lleva
—el cuerpo siempre blanco, diana
donde colegir otra sombra
acaso una sombra peligrosa
(quien prevé sustrae siempre carne
y hambre del otro, se cobija
de su propia penumbra, en su dulzura).

No miente, más bien devora opacidades
festín breve en propia sangre
ahogada en su blancura, detenida
en pulso con el tiempo, en su latido
que no será de quien muerda
y desgarre con los dientes, sino suyo
sin remedio su horizonte
ni en remedio tampoco su ceguera.

Un día se tumbará sobre la hierba
que crecerá de nuevo donde estuvo
aunque no sea la misma, ni la huella
que cubre su manto permanezca
ni quede alguna cosa del antiguo
en el trillo otra vez hecho entre los pinos.

La senda es ahora de la madre que va y viene
ya ella madre que otea, que respira
el aire por otra que será
como ella niña entonces, cuerpo salvo
aunque no sean
la misma ni su latido se congele
cuando llegue el invierno, ni la tierra
desgarre su diana con los dientes
compartiendo su horizonte, suyo
aun sin quererlo, siempre el cuerpo
a cubierto del tiempo, y tan ajeno.

Endura

Qué legibles las páginas del sueño,
tan sin pausa su sentido, tan mediano
sobre el filo donde divergen y confluyen
sus tenaces episodios, sus dos lados.

Qué dilatada medida su episodio,
el lance donde vuelven tornas sus fantasmas,
el lado siempre oscuro. La muchacha
se tumba o se tiende –no llega a sumergirse–
en el agua tibia de la tina, aquí los verbos
que en el sueño también valen, y el detalle,
para prescribir un ritual, el del fin,
o habrá que decir, en vez del sueño, el libro.

En el sueño, o entre las páginas que vuelvo
las dos caras manchadas por el negro
y el oro de la tinta, por el agua
tibia de la tina de madera donde asienta
el cuerpo, el rito, donde remonta la cabeza
apoyando la nuca sobre el borde. La palabra,
Endura, del rito tan extraña, tan cercana
como el agua que se filtra sobre el piso
de piedra, como el rojo de la sangre paulatino
pero que no alcanza a mancharlo. Alguien
la acompaña, pasa las páginas conmigo
señala con el índice
alguna línea oscura, menos línea

que confín con el sitio del retorno
donde aclara la luz, y la penumbra
marca el relieve de las cosas, su silueta
vista de perfil, como si la mano sopesara
el esplendor de un cuerpo o el del trazo
de encausto en el papel, una palabra.

Lo dicho

Quien escucha mitiga titubeos.
La voz que se quiebra o que vacila
gana de antemano su disculpa
pero quien habla no lo sabe:
vacilante, cercada de silencios
la palabra no se deja balbucear.
Se contiene, no se suelta, detenida
como un cuerpo que retrasa
el instante del placer, o lo dilata
hasta que otra carne lo acompañe
y sólo entonces habla, bajo el velo
de la ceguera compartida,
de la sombra que cobija de antemano
lo dicho, murmullo en su penumbra,
que antes de serlo fue demora
y ya después nada, u otra cosa.

Debajo

Constante, bajo el blanco crece el manto
de su fondo, su rigor lateral. Crece
a oscuras, sin relieve, paulatino, como el otro
que sustenta su equilibrio, el trozo ralo
de yerba tan lejos en la vuelta, en el camino
que ahora espera quien desanda. Mancha
su palabra, las palabras
de la vuelta, tan eufónicas; siempre trazan
virutas de negro sobre el blanco las palabras
que no han nada que añadir a su dispersa
visión de los regresos, a la yerba bajo el blanco.
Holladas, huella, trazos
que no calan debajo, que persisten
sobre la pátina de hielo, chirrido del rasguño
siempre repetido, dientes blancos
mordiendo cosas duras,
el tremor del cristal. La tierra,
más cálida, no se escurre por sus poros.
La tierra, siempre abajo del debajo, crece
a salvo de la mano que no acaricia sino el hielo,
y traza un surco de agua sobre el blanco
como un dibujo en el cristal de la ventana
para hacer la lluvia más cercana, sin mojarse.

Apuntes sobre Weyler

(2012)

Upon old roads the steeds of rain
Slip and slow down and speed again
through many a tangled year;
but they can never reach the last
dip at the bottom of the past
because the sun is there

                                        V Nabokov

I.

La letra que debajo

¡Los poetas! –barrunta y se recuesta–,
¡Las palabras! –y suspira, se abanica.
Los poetas, me dijo ayer, sólo declaman
como niños sus rimas nuevas, los poetas
escanden las sílabas como quien muestra
un juguete robado o un dibujo
que estará en un rato hecho borrones,
vuelto jirones tras el tiempo
de jugar con los amigos, de mentirse
tesoros ajenos bajo la pausa
breve del parque y la hora del recreo.

Las voces, el tono con que recitan las palabras
no se parece a las palabras: las palabras
la letra que debajo
alienta, la que se deja poner
lo que se deja, quiero decir,
adivinar bajo la voz, bajo el resuello del asma
¿a qué se parece? Debajo de la voz, debajo
de la palabra, ¿qué es idéntico a cuál nombre,
o es que acaso cabe algo, qué transcurre?
Algo que no sea
la ficción, se entiende, de la página:
alguna sombra cierta, alguna cosa
que no sea el estupor de quien escucha y trata
de entresacar bajo las voces un milagro.

Bajo otra forma del sosiego

Una vez, ya cerca de El Escorial
Montoro se volvió hacia ella y dijo que la amaba
o dijo cualquier otra cosa parecida
(una consigna más bien o un gesto
que abriera las puertas del deseo).
No estuve allí. Ella sí, claro, y ella misma
me lo contó luego, primero titubeante
y por fin suelta, al cabo de su boca
los detalles que los dos sabíamos
peor imaginados que ya dichos.
Primero titubeante, instalada
primero en el se puede. Un regalo
o simplemente la vida como sale
de la boca en las partidas, lo que hay.
Aquel día, dijo, no tenía intención
de acostarme con él, más bien buscaba
otra cosa al besarlo, quizá fuera (dijo ella),
otra forma de seguir la conversación,
de proseguirla. ¿Sobre qué hablábamos?
No sé de qué hablábamos, la verdad.
De todo un poco, creo, de música
o de cosas por el estilo, nada en concreto
ni nada demasiado trascendente,
ni mucho menos algo que cupiera
bajo otra forma del sosiego, bajo alguna
otra línea distinta y majestuosa.

Marfil del sueño

Apenas sombra leve, cuerpo extraño
siguiendo el roce o la marea, pleamar
de un cuerpo conocido a la intemperie.
Roce o miedo, su desgarro: nada lejos
ni tan de cerca que duela
cuando no debería, menos cuando nada
tendría a qué sumirse en duelo
en callada posesión ya arrebatada
de sí misma, esa querencia
sin objeto ni sombra, sin ceguera.

Mentira extraña de lo cierto. El aquí duele
aun cuando se lo atraviese sobre el fuego,
aun si plantas trémulas sobre tizones encendidos,
los rescoldos negros del fin y la ordalía
que no aventan las preces de la vuelta,
ni la mirada que ya se sabe irreparable,
y la vuelta ya otra en la certeza de lo visto.

Y cómo va urdiéndose en la espera
bajo esa ansiedad, bajo tal forma otra avidez:
otra certeza y su doble, tan precisas
cuando en cambio lo que gime, lo que duele
es ajeno o extraño, es sin tenencia
ni ancla ni arrebato: una sombra sin figura
donde quepa trazar perfil o línea,
marfil del sueño, anclaje en carne.

Mayo

La lluvia, la belleza, la turbia melodía
de la lluvia golpeando en las ventanas
manchando de a pocos la fachada
del edificio gris de enfrente. Goterones
como pájaros o látigos, como prisa
de mañana revuelta entre las sábanas.

La incrédula

No sé bien, dijo, todavía lo que quiero.
Sé que te quiero y mira tú: no sé bien
qué hacerme contigo, tan poco claro todo
en torno al hecho, al pulso de tu amor.
Sé que te quiero y mira, en cambio
no consigo creerme que te quiero.
La incrédula, ya sabes: las historias
difíciles que vienen del pasado. No quiero
perderte. No quiero creer, no puedo
creerme que sea real, que esté pasando
que me ames así como me amas. O sea:
tengo miedo. Siento miedo, dijo,
sobre todo del pánico. Pánico
de hacerlo todo mal, miedo a que haya
un agujero en el lugar de las certezas,
un sitio vacío como un nicho o una tumba,
a que todo sea mentira y no se pueda.
Lo siento: sé que te lo he puesto muy difícil,
sé que tú consigues
verme casi siempre o es a veces, sé que yo
sé cosas que no consigo
poner en palabras ni en un orden,
un rimero de sentido que no hay cómo
poner en una persona sola o una vida.

El arca (Génesis VII, *17)*

No eran ya los diosecillos menores
de la cercanía, la mano que engasta
una preciosa gema en el hábito del adiós.
Ya pasaba como un río la piedra negra,
la piedra del silencio.

El paréntesis que la mano diluía
no era ya trivial entre otros rostros
hasta la próxima plaza del encuentro.
Ya no era como un gamo acariciado
la noche tácita del encuentro.

Ya no se demoraba en la ventura
la conversación a la sombra del árbol
ni la sombra del árbol era un juego.
Ya ni la detenida plata de la letra
incoaba la férula del cuerpo.

El mundo y la muerte entonces se anegaron;
el arca de madera de gofer por mucho tiempo
quedó esperando sobre el pasto
y mucho tiempo más buscó sobre las aguas
las formas de un cuerpo conocido.

Acercándose al suelo Babel se encandilaba,
trepando al cielo Babel se contraía.
Pero aún no era Babel, la última atalaya

no estaba para el centro del esfuerzo:
ni siquiera entonces Babel era el fracaso

y las preguntas ya no eran necesarias:
¿Cuánto demoró la barca el tránsito,
quién, sobre cubierta, sintió otra vez
el dulce olor del olivo, quién fue el otro,
el que ya no está, el que está muerto?

II.

La presa

Cuerpo del principio, víspera
del segundo aquel donde todo se suspende.
Cuerpo colgado de su hambre
del instante aquel luego del salto
y previo a su espera, la fiesta prometida
sin consuelo tantas veces. Cieno
o ávida tierra, limo fermentando
el momento dilatado, el momento
pospuesto tantas veces, la derrota
que han pregonado furibundas voces
voces idas
clamando en la urbe la multitud del cisma
de la voz y del miedo, de la voz
y el deseo, tremor del cieno cuando traga
a la presa dormida
el magnífico animal que se aventura solo
que se entrega a la muerte
con los ojos cerrados, con los ojos
cubiertos por el velo extraño de esa paz
de ese momento donde todo late
como tierra batida, como arena
tan ciega como el muerto
que no ceja ni se empeña
ni se abandona a su final vencido.

Un modo

Piel, trasunto en la figura
de pechos en la forma, la manera
de pechos de hace un siglo: un modo
de la carne sobre el cuerpo,
la densidad quizá
que cobra la carne en el collodion.
Pero no, si hay más debajo. Debajo
o bajo esa manera que tanto
la turba ya de verse, al paso de las páginas:
una manera que a todas luces no parece
hacerle compañía, ella tan ajena
y tan extraño su molde como extraño
el temblor que ante el espejo la recorre
o como el sueño ahora, tan ajeno el sueño
que pareciera haber sido siempre de los otros
o de otra la voz donde no se reconoce.

III.

El agrimensor

De noche por el tramo que media entre la casa
en lontananza y el bosque: no hay senderos.
Ni un prodigio ni una decepción ni una ausencia,
sólo el miedo que atenaza ante el espejo
como un bocado por sí mismo: miedo al miedo.
Y la culpa: bendecida como racimos de flores negras,
como racimos
de uvas negras que se bambolearan al borde
de un sitio que no existe, del camino que no hay.
De un sendero, dije, de uñas rotas
pero creo que no quiso contestarme.

Nada, poca cosa. Ni trillos ni luz en lontananza,
así que no hay atajo ni hay entonces
salvo el despeñadero de la duda, el tránsito del peregrino
que desdeña los mapas y asusta la certeza.
Una certeza tan cierta, dije, como escasa de tiempo
y los senderos si los hay son el secreto
perdido desde siempre en la boca de los peces
(porque sí, porque hay un lago y en el lago peces:
un plato calmo de agua donde abrevan
las bestias a la orilla, donde acuden nocturnos
por alimento a veces los carnívoros). Entonces,
si es entonces, créeme: búscate mejor bajo la copa
mediada de vino blanco, sálvate en la copa
sin sangre simbólica y nada que decir, sin nombres,
un grial sin redención ni jueces,

la copa sobre la mesa donde los días se reparten,
la mesa aquella de llegar y la misma de Ya es hora.
Unas horas (convino) sin relato y sin entonces,
sólo el tramo
que media entre la casa de los sueños y el lugar
impreciso donde el agrimensor calcula
la ilación o el sentido que los llenen, los por tantos.

Los peces

Mejor en las ganas (me miró) o en tu sombra,
en esa copa. Una cierta naturaleza, dijo ella,
de la que nada es sinónimo.

Búscate, mejor –entonces, si entonces cabe ahora–
en el agua donde abrevan cotidianas
las criaturas matutinas despiertas bajo el cielo
ese tan alto que recortan de siempre las ventanas,
que recortan o enmarcan mas no acercan
sin remedio las ventanas, la marea. No hay asuetos
que te acerquen a los sueños la pradera
ni hay ahora ni habrá entonces, menos cuándo:
sólo los peces rozando sus labios sobre el limo
de las criaturas pequeñas. Los labios sobre el fondo
oscuro de los lagos: sus bocas sobre el fondo del mundo
hozando ciegos entre el barro el alimento o el misterio.

El frío

Lasitud de lasitudes. Los ojos bajos: los ojos
encajados en el libro. Las páginas frías, dice,
del libro que acompaña la cuenta de los días.

Afuera cae la nieve. El frío de afuera no es el frío
que nombra la lectora cuando dice
que las páginas se deshacen, se le quiebran
como escarcha entre las manos. El frío
de las páginas es distinto del invierno, ajeno
incluso a la sucesión de los inviernos,
a las estaciones del tiempo. Mira, dice,
fíjate: mira cómo las recorre un hilo
de agua turbia, un arroyuelo. Sigue mi dedo,
mira cómo corre sinuoso entre los pliegos
un canal de sangre y de mentira. El sinsentido
aloja en sí mismo todo el mal, toda la ciencia
donde cuaja el dolor, donde se rompen
las vasijas que contienen el agua de la nieve
(de la nieve ahora sí fuera, la nieve cuando cae):
las vasijas que conservan el agua de la lluvia,
el agua del esplendor y de la sed
guardada entre paredes tan frágiles de barro,
las membranas que retumban cuando pasa
cerca el concierto de los hombres,
cuando las acarrean en andas los esclavos.

Mira, fíjate. Hasta la yema de los dedos

se vuelve negra por la tinta, tizón de tiempo
presentido o allá lejos, del tiempo o del pasado.

Mediodía

Los nombres como un río, los nombres atorados
en una pasarela de noches, ese túnel: el pasado,
me dicen, el pasado o lo parece. Pero nadie acuerda,
ninguna de las voces, su momento o su dueño:
nadie que precise su esqueleto ni aun su esquela.
Los nombres como un río, noches
en fila india hacia su término. De una en fondo.

Marcas ¿acaso no lo ves? sobre el pasamanos del tiempo.
¡El pasamanos del tiempo! ¡Los pulidos
escalones del tiempo! ¡El besamanos del tiempo!
Qué rituales
Qué ritmos, se ríe ella, para las noches sin registro,
las vacías. Las que no merecen una muesca
en el calendario del otoño, las de la barandilla
bruñida por la que se deslizan los bromistas.
Míralas: únicamente su verano, la luz sucia
del sol a pleno en cuatro esquinas, su inclemencia
que cierra cualquier tiempo a su medida
y hace la noche más oscura en luz a plomo.

En propia ausencia

A menudo por aquella época leíamos
los libros inacabables y sucintos de Serraud,
las piezas, decía ella, del oráculo disperso
entre las páginas y la tarde o la circunstancia
de una tarde precisa, sea cual fuera.
A menudo exhaustos de caminar una ciudad
que hacía tiempo no era nuestra. Y sí, a menudo
cruzar sobre los puentes, los tabiques,
aun esquivar las vigas o sortear su filo
en nuestra pobre cobija era el fracaso
y la iluminación del adviento, una iluminación,
decíamos, como de ciclones o desastre:
la epifanía de las cifras de Weyler en un campo
cercado por las palmas, una marcha a campo traviesa
hacia un horizonte que tuviera
en ese paraje distante y conocido su ceguera
mejor, y sus mejores celadores. Y su mérito,
sí, todo hay que decirlo, aun su ironía paulatina:
aquella gravedad bajo la que todo se conmina
a una tregua conmiserativa en propia ausencia.

A una pausa en propia ausencia, arrancado de sí:
una tregua en vez de una disculpa avizorada,
en puridad la absolución de la fuga o del final.
Una víspera como la del centurión que vacila
sumergido en agua tibia antes de abrirse
las venas o la de algún santo atravesado por la veta

más oscura del martirio, su senda entre la noche
más cerrada del verano, la más breve:
sorprendido en el trance de saberse, decía ella,
o en el trance de la pérdida, porque extraña siempre
la pérdida al vacío. La pérdida es el vacío, lo suplanta
cuando se trata de salvarla, de vadear su lastre sucio
amontonado sobre el suelo como cajas,
como esas cajas que hacían a menudo
intransitable la escalera, ¿No te acuerdas?
De aquella, sí, nuestra víspera perenne,
nuestros sempiternos cajones de mudanza.

IV.

Penitencia

> El peregrino no ahuyenta los ojos cuando aísla
> la figura secreta del silencio, aquella forma
> cifrada y ritual de su ausencia en el camino.
>
> B Serraud

El peregrino no esconde la mirada
vacía de las cuencas ciegas, no se rompe
porque la risa suya no sea la de otros.
Una procesión de ciegos, de tullidos,
la marcha orate de los desaventurados hacia Dios.
Una procesión como un río que come y bebe,
que se avalanza ávido sobre los mendrugos de pan,
sobre la jarra que las manos
palpan en medio de la mesa, el tintineo
de las copas como la campanilla del rebaño.

Una fila de gestos, la marea negra de los rostros
clamando en el camino, clamando y bendiciendo
la jarra ciega que las manos
de una muchacha sustituyen si la sed
se hace prebenda o se hace urgente,
si la noche: Si la luz o si la noche, amigo mío,
es lo que repiten como un lema,
el santo y seña en las canciones de la culpa.

No más que su derecho, aducen: un derecho
ganado a pulso en lo perdido, en lo que no.

No más que unas monedas o unas horas
prestadas, la azarosa hospitalidad de los píos:
no más que alguna vida
prestada para ganar sus indulgencias,
robada la de alguien por la suya que no ha sido.

El penitente persigue sólo la carne, las ganas
perdidas de la juventud, incluso la ceguera
valiente y dolorosa que ahora es redención, que ahora
no puede ser sino redención
y mácula perdida, algo que devuelva de algún modo
el aliento de lo previo. El aliento previo, cantan,
a todo lo perdido, acólito rubor que ampare
como un biombo la cisterna donde flotan
los ahogados, donde campa su báculo de muerte.

Poco o nada, una menesterosa clemencia
por los otros, diría ella, la muchacha que trasiega
el vino bajando cada tanto la escalera
(lo que diría si alguno se atreviera a preguntarle).

Poco, nada: lo que compone lo perdido
no es cuestión de arribar a Compostela.
Menesterosa desidia, todas esas ganas
cayendo al punto donde su sentido se despeña
o se cumple en lo que adviene. El penitente,
en cambio, no vacila: rumbos de procesión,
de desfile, camaradas de ruta. El ciego atisba
volviendo la cabeza como si algo lo llamara,
como si algo, quién sabe qué, moviera el péndulo
que lo lanza hacia delante, que lo amarra

a la ansiedad de las manos en la mesa, los temblores
de quien se sabe ganado por el tiempo, los mendrugos
de Dios rodando como dados. La muchacha
de la venta sube y baja la escalera, sube y baja
en la risa trivial, en la marea de un olvido
que cree suyo cuando en cambio son los ciegos
los que cercan a Susana
los que guardan su aliento presentido como dádiva
que depositar como ofrenda ante los pórticos
mientras caen en la ruta las noches como piezas
de un ajedrez remoto, del cansancio o el fracaso
del mundo: lo que se rompe, dicen, se compone
y lo que estuvo roto al principio tiene su medida
y su discurso, el brindis por los pasos que no ven,
su contrapeso o su limosna cabal ante la muerte.

El apuntador

A medias casi siempre o es a tientas
en país del claroscuro:
sombra y luz como en un lienzo,
como en las fotos
que envejecerán recién cuando no estemos
para certificar su verdad, su lozanía
de frívola apariencia, de relato.
Tan triviales, entretanto en la gaveta
dicen nada, otro artificio
en luz de sí mismas, la de un día o la de otro
cualquier día, qué más da:
uno cualquiera que apuntale
el pacto del silencio, que prolongue
la función, su ensayo interminable
en la sala vacía adonde el público no acude
o donde acaso –se animan las actrices–
no se lo distinga de lo absorto, tan callado
aun cuando ahí esté, presto al aplauso
o durmiendo su hastío, su impaciencia
sumido en la penumbra: arrebujado
cada cual en su butaca aunque ninguna lo vea
ni aun dilatadas las pupilas. Vueltas sombra
o promesa desde la trampilla del proscenio
sus figuras, dicen, y la trampilla vuelta estrado,
hecha de sombra
y de susurros que mantengan viva
la memoria del libreto desde el borde

del escenario que siempre presupone
(ya se sabe) las lunetas, su atención
en espectros que lean el curso de los labios.

Así es la vista, a veces tan oscura,
tan parcial que sólo miente
casi siempre, que disfraza
lo menos con frecuencia su acicate.
Así es la vista, a veces mentirosa
y otras resplandor de ceguera, demasía
para quien no conoce plenitudes, ni es inmune
al dolor de la llama –los ojos siempre tan falaces
cuando no cobran su abismo repentino
(los ojos que no caen
a pleno si no se dilata su medida).

Nunca tardan, nunca permanecen: tan puntuales
los ojos cuando se asoman al barranco.
No traen consigo los arreos, la menestra del tiempo
siempre sucesiva, siempre
escorada a su presencia, siempre esquiva.
Ven lo que no es suyo, no adivinan
de no ser su nombre murmullo entre las hojas
o cuchicheo del apuntador –casi una orden,
la pautada conminación de un imposible:
un rimero de gestos dictando el parlamento
mudo, su estupor callado ante el espejo
y su estupor hecho ya vértigo, ya trizas en el salto.

El reparto de los naipes

Entonces será siempre el tiempo que no ha sido,
la añoranza tardía de los días postergados.
Entonces es una forma de quizás, una sombra
cuyo cuerpo no existe todavía. La fortuna
no acompaña al entonces entre los días
del presente, al entonces partido entre la niebla
siempre matutina cuando el día no amanece,
no transcurre. Una niebla que vela el tiempo,
una niebla que mantiene el tiempo congelado
hasta el sobrecogimiento pánico del último
día perdido, de la vejez o de la muerte.
Nadie va a contar tu muerte ni el día temprano
donde se selló aquel pacto oscuro de silencio:
No pasa nada, lo que pasa es lo que pasa y si he llegado
hasta aquí tengo que seguir, si he llegado hasta aquí debo
soportar lo que haga falta, buscar el dolor como un colirio
que me entumezca los ojos. No soy nadie. Mejor
la anestesia y la humillación y la renuncia, cualquier
cosa mejor antes que atreverme a ser yo misma.

Un pacto trazado, goteado con sangre sobre el suelo:
algo de lo que no se puede salir. Y nadie sabrá nunca
qué se cueza en el agujero negro del vacío, entre la pausa
terrible donde no estás, en que ya no: Ya si he llegado
hasta acá qué importa lo que venga, si no soy esto
qué más da seguir no siéndolo, venga cualquier cosa
con tal de creer que algo a su pesar me sobrevive:

lo que no me dejo decir, aquello negro donde habita
la que no soy y siempre me persigue. Algo que quede
como una costra pútrida que oculte lo que nombran
las palabras entre la voz que ya no sé ni reconozco
y que quizá no haya sido sino un soplo de otra vida.

De otra vida… un soplo de aire fresco, saber cómo
lo que pudo ser y que no es, en la boca el sabor
de la playa donde acudo sola, donde no puedo,
de saber cómo se saluda al vecino en la escalera.
Sólo por saberlo, un tanteo o una hipótesis,
el vértigo del viaje y el reposado vértigo de cómo
hubiera sido si. De cómo en otra vida sin el pacto,
y de cómo si aquello no estuviera, de sonreír cómo
viviendo en un baile de salón, la vuelta a Ítaca
porque el sacrificio antes de Troya sea más completo.

¡De otra vida remota! Qué más da si en otro tiempo
o de una que no ha llegado todavía, o de otra vida
para mí en el ahora, ¿eso qué importa? Si igual cómo
la iré a vivir si no soy nadie, si no merezco nada
salvo el castigo que alimente el pacto aquel antiguo
sellado soez con silencio siempre vivo en el pasado:
aquello que me sobrevive en esa noche, tan seguro
y sin retorno como una tumba segura o un suicidio.

Tan seguro como el cuerpo que ya no siento mío,
moneda de cambio para abrir el diálogo con nada:
partido, goteando sangre que suscriba bien la culpa,
que trabe la vergüenza del verdugo y de la víctima.
Seguro como las sonrisas de un vals, las pautas

de un juego de papeles ya marcados, naipes sucios.

Tan seguro como quince centímetros de hielo
cerrados sobre el agua, como el rostro cianótico,
el imposible, el rostro que no acompaña el cuerpo
el rostro lleno de piedras para guardar en el bolsillo
hasta el sobrecogimiento último del hielo que se cierra
y abajo las brazadas hacia la luz que alienta afuera
pero ya no para ti, cualquier entonces ya la sombra
de los peces helados, perdidos en invierno por el pacto
aquel tan seguro que los hará morirse bajo el agua,
helarse invisibles bajo el agua nadando ya hacia nada.

V.

Docena

Doce paréntesis esparcidos, doce nubes
a lo largo de la página. Una docena de gestos,
esa niebla
vaga de la incertidumbre, un titubeo
o una mancha de sombra –de desmedro, dije
alguna vez sin saber muy bien lo que nombraba–
como un borrón de algas que flotara bajo el agua.

Doce nombres partidos por la pausa
o la postergación de lo que adviene.

Como una docena de peces o de ostras
abiertas sobre un mostrador de metal
que refleja en la luz los colores del otoño.
En los colores, algo así fue lo que dije,
que refracta la luz cuando despide un día
que no volverá a ser de nuevo lo que era
ni volverá a repetirse, es decir, dije
(venga, seamos claros): cuando despide
la luz el día que ya ha sido, el tiempo abierto
en canal como los peces, ya cumplido
aun si fuera tardío su remedio o fuese otra
la forma que tuvo lo que era, una distinta
a la que le fue propicia o le fue dada.

Cuando despide, cuando parte ido
lo que no será de nuevo ni de vuelta

aun sin saber a fin de cuentas
en la voz vacilante que interrumpe el curso
de la página que esa luz seguirá siendo
únicamente lo que entonces, sus colores
y el tenor de lo que bien pudo, tanto da
que haya sido o que no. De lo que pudo
siempre haberse respirado a cielo abierto.

Aun cuando se quede fijo como un clavo
en la pared de la carne, un agujero
que atraviesa el eco como un túnel.

Aun cuando nadie venga a rescatarlo,
nada sino el eco
extraño y turbio del pasado cuando calla:
el eco de esa luz sobre los peces,
luz perdida sobre nada, luz ganándose la ausencia
a medida que el telón de la tarde se desploma.

Una docena de puntos en la página,
suspendidos en las horas como la cifra
romana en los relojes, la cifra entrecortada
de una vida en la renuncia de un jadeo,
en la respiración prestada que por doce
veces va nombrando, que recurre
en la moratoria del presente y titubea
en las horas y los días como un péndulo
sin pausa y siempre ajeno, una presión
—dije también pero ya no me escuchaba—
de plomo en los pulmones y aun entonces
la duda, la deuda, su desmedro
como si aun cupiera la duda en su estertor.

Las barcas

A qué ahora la duda, a qué su sombra
cuando el bosque es una sombra
que cobija desde siempre, cuando el bosque
es el trecho que abriga allende las ventanas,
cuando el tiempo
apuntala de siempre las certezas, cuando corre.

A qué decir ahora lo que no tiene un nombre,
ni mentar las tardes donde todo encaja
como el pasado en un relato. Nada encaja
si no fuera en aquel sortilegio breve,
mentido del Entonces, el instante aquél
donde cabe todo narrado por el sueño, entretejido
por sobre los días como una cesta que oculta y que revela.

¡Una cesta pálida de mimbres, un recipiente
vacío donde recoger el serrín del tiempo!

Una cesta o una red, una tela de arañas laboriosas
que urden ellas mismas la trampa en la que viven.
Y donde todo cabe, sí. Tanteo y anestesia, la cuota del dolor:
la dosis imprecisa del qué se puede, de quién soy y si soy
yo la que amas: cómo puedes si yo. Cómo puedes, si mira,
cómo lo vas a entender. Dónde acuden, si no entonces
las cuitas del A ver. Dónde amanece, adónde y cuándo
parten si es que parten, las barcas: a qué recalan,

en cuál noche y cuánto y dónde quepa
en esa noche, bajo el puerto oscuro donde esperan
las barcas el momento del adiós, zarpar, levar el ancla:
adónde, si allá lejos, las barcas, sus fanales
breves sobre el lago ya retornan, ya comienzan
su vuelta breve como un pájaro que cae,
y ya se alejan, ya mienten su contento o su agonía
resignada, la agonía pueril de los adioses.

La escucha

> Quien escucha mitiga titubeos
>
> B. Serraud

No hay por qué borrarse el rostro contra el muro
auscultando en el dolor la voz que se te pierde.

No hay por qué, ni hay otro tiempo que no sea el que vives.
No hay sino lo que hay, la presencia ante el espejo
y la voz que te susurra dentro el cuerpo, aquella cuyo timbre
se te escapa porque la voz propia siempre suena extraña.

II.
No hay sino lo que busca el rostro cuando habla.
Y las palabras veraces o baldías, que transcurren
en presente, como siempre: transcurren las palabras
a horcajadas siempre en la voz que las pronuncia.

III.
Ésa misma y que es la única de uno, siempre tan ajena
que parece de otro si la escuchas. Ésa misma
que parece de otro tiempo, que se afantasma si la buscas
en los años remotos donde no la hubo, o en los años
que no han llegado o que están lejos, el momento
pospuesto y dilatado, presente sólo entretanto que no cuaja:
el momento tan distinto del instante en que por fin
alcancen las palabras el tiempo del ahora, que es el único
tiempo que hay, aun el único si el eco todavía las duplica:

el único tiempo donde habitan aun cuando se pierdan
sin sentido en el rostro que se arranca, carne y hueso,
todavía los rasgos contra la aspereza de la piedra
frotándose los dos lados de la cara, en fragor mudo
por ver de dónde llegan o si llegan, por creerse
que las sostiene una música en vez de lo que son.

IV.
El rostro que se oculta por no ver cómo se pierde
rodando el imposible de su ahora en tiempo ciego.

El rostro que se oculta porque cómo
mostrarlo sin la huella del esfuerzo, cómo hacerse
voz ante el espejo con la cara del ahora, cómo hacerlo.

V.
El rostro que no identifica su voz allí donde no estaba
ni en lo que podría quizá llegar a ser, aquellos predios
de tiempo donde sencillamente no existe ni se escucha.
¡En el único tiempo que no existe, el que se desdibuja
fundiéndose en la tierra, mutilado en ordalía
como las líneas de aquel rostro a la escucha del rumor
por negarse a lo que dicen buscando cómo suena
lo que no traerá de lejos la tierra, de abajo o de otro siglo!

VI.
No hay por qué, ni hay otro tiempo que no sea el que vives.
Y ése será el único, la casa misma o el lugar de donde atisbe
auscultando todavía los muros quien escucha
ahora el timbre de la voz que se le pierde,
de la voz que vacía de palabras ya no existe.

VII.
Y será ése el único, el momento eternizado sin ahora
o ahora perentorio en el limbo de un muro de sonidos
imprecisos, de una muralla de sonidos confundidos
con el rumor de la piedra, con el ruido del pasado
o el viento del quizá, el silbido frívolo y triste del acaso.
Sólo eso hasta que por fin advengan si es que arriban,
si queda rostro y cuerpo para verlos, los instantes
donde se pronuncien claras, en que hablen por sí mismas
en la voz cuyo timbre habitará siempre en el misterio:
lo que las palabras acarrean, lo que nombran, lo que está
en las palabras es lo cierto, no el sonido donde cobran
cuerpo prestado en medio del estruendo: no la sombra
ni el hálito que las sostiene a veces al borde del desmayo.

Longinos

> And what the dead had no speech for, when living,
> They can tell you, being dead: the communication
> Of the dead is tongued with fire beyond the language of the living.
>
> T. S. Eliot

Atada a la piedra la lanza es sólo el chorro
de sangre y agua bautismal, la vista recobrada
cuando el corazón se rompe en dos pedazos
en el gesto, entre la turba, bajo el olvido del fin:
Sí, que está ya muerto, mirad. Lo hice a sabiendas.
O por lástima. O porque algo me ordenaba
que buscara medio ciego el perdón para los otros.
Lo he atravesado. El Mesías está muerto
y puedo confirmarlo: era en verdad hijo de Dios.
O de veras parecía, así desfallecido. A qué sufrir
si ya, fijaos, está sin duda muerto: el pecho abierto
y no hay pulso en las muñecas ni en el cuello.
Y ahora veo lo que antes no podía. Ahora no sé
ni qué necesito, ahora corren a través de mí
las palabras de otro como un ventrílocuo perdido
por las encrucijadas de Cesarea. Predico la verdad
del Mesías por la tierra yerma de Capadocia
buscando que me maten, buscando mi suplicio
y mi castigo. Ahora veo lo que no podía entonces,
ahora que es ya después, que siempre será luego.

Si todo hubiera sido diferente no sería el que soy.
Si todo hubiera sido diferente sería el que no soy,
tan simple todo. Y es insoportable cuando el sueño
no llega o se convierte en pesadilla del martirio
pero es así de simple, tan simple y duro como el fin
o la carne traspasada hasta el corazón que ya no late.

Y los pupilos que se agolpan. Avanzan a codazos
por hacerse espacio junto al mártir, por palpar
de cerca mi santidad. Y me siguen como perros fieles
o como si yo fuera un santo, sí. Pero los pupilos
susurran cuando se alejan, susurran quedos entre ellos
cuando no los puedo escuchar: ¡Pero si él lo sabía!
¡Pero si lo sabía mejor que nadie! ¡Pero si dijo
entonces que de siempre lo había sabido! Pero,
y he ahí la historia de mi vida… Pero si el tiempo
que resta para él, dicen, es sólo el del fin, lo que queda
hasta el fin que sobreviene, el ya sabido,
hasta el final que conjura cuando miente.

Pero si sabe lo que quiere, dicen los discípulos
en corro cuando tratan de entender. Pero por qué,
entonces, y ahí se pierden, ahí los párpados
se les quedan entornados o el miedo se los cierra.
Callan y se adentran en la oscuridad y avanzan
dando palos de ciego en la oscuridad, se adentran
haciendo conjeturas en el abismo. Conjeturas fútiles
sobre el porqué del abismo. Sobre porqué yo, si yo.
Como si les faltara algo todavía por mirar, alguna
clave de lo que quiero y lo que no, algo que cierre
todavía la pregunta, algo que explique o que restañe.

Y ya no sé lo que quiero. El dolor tal vez, el final.
Cuando el dolor lo llena todo ya se puede no querer,
si lo es todo el dolor resta sólo esperar a que acabe,
a que de una vez termine lo que empezó para creerse
que se podía soportar lo que fuera con tal de seguir vivo
con tal de que nadie preguntara los motivos, ni supiera,
con tal que no te pillen, de que el dolor duela, de que no
haya más verdad sino ésa, la que sustenta a solas
la vocación del martirio para creerse en la verdad,
para caminar entre las llamas como si no pasara nada.

Y yo sonrío. O algo sonríe a través mío, no sé ya
si una trampa o un instrumento, una herramienta,
si un demonio o el mal mismo que precisa
del castigo para seguir carcomiéndome la carne.

Algo que suplanta mi mano y me devuelve la ceguera
como la sangre del Mesías la visión; algo que justifique
los designios oscuros de la providencia, del relato
aunque sea en la sonrisa torcida que me romperá
uno a uno los dientes, los contornos de la boca.
O sea, dicen: una herramienta del dolor. Los verdugos
ahora del gobernador que blanden barras de hierro
para quebrarme los dientes, mis verdugos que se agolpan
como en corro mis pupilos. Y yo que les mostré el demonio:
Si ya está vivo de nuevo, mirad, ya apareció. Si ya
se revuelve dentro mío y puedo confirmarlo, ya su rostro
os anuncia la posesión de la que sólo el dolor, el mío,
de la que sólo mi decapitación los salvará. Me salvaría:
únicamente la muerte resultará en milagro
para salvar del mal a los infieles. Los pupilos

me persiguen como si fuera un santo o una víctima,
me adoran o me odian y me lloran, me creen y susurran
entre los caminos de Cesarea todo lo que pueden
decirse para no llorar, para no temer que su destino
sea también empapar de agua y de sangre la cabeza
del que ordenó mi suplicio, su bautismo. Los pupilos
se iluminan a plazos, transcurren en las horas
como pasó la vida que no alcancé, como la vida
que se escapa a borbotones entre los demonios
que ahuyenta desde el polvo mi cabeza, sombras
que el charco donde abrevan sangre espanta ahora.

Y luego me olvidarán, uno a uno. Luego a ellos
el miedo se les vestirá de presencias que atormenten
a los esbirros de Dios, a los buenos de Dios, a las almas
de Dios, las buenas almas que no saben lo que pasa
y hacen como si no pasara nada mientras todo
corre a su final, mientras todo se embarra del cieno
imposible de los ríos que llevan al olvido, de su costra
y se embarra del agua y de la sangre, de palabras
musitadas a la vera del camino, de secretos mascullados
alejándose hacia casa, sin que sepan nunca qué pensar
ni cómo, cuánto escuece la lanza entre las manos.

VI.

Ficta confessio

Pedestal marcado a piedra y devenido
asombro y acordeón, su indumentaria
secreta para los días que anticipan el del juicio
(ausente del juicio en el continuo, disculpada
su presencia porque en lo abierto no hay estrado).
Y roza nada la sombra en los pedazos
vacíos, los fragmentos de la vida entrecortada.
Roza nada la piel, las palabras
que en olvido la entumecen o la entume
la mera pesadilla, sombra sola
de la muerte, habías dicho… ¡olvida esas palabras!

Animales dormidos, transidas criaturas en reposo
como en herbarios, muestrarios de un zoológico:
Linneo disuelto en lo sin nombre,
lo sin más aparente
sin la medida de las cosas en el aire.
Los vasos se trasiegan, agua que los limpia
una y otra vez a la cocina,
¿No escuchas, dijo, su sordo tintineo?
¿Ni lo que escurren, el agua que gotea?

Un ruido que no está, como la penumbra
sin luz que los ojos reconocen paulatinos
en una habitación a oscuras, los ojos
extraños y propios más que nunca,
dilatadas las pupilas sin aquella

luz que extrañan entonces o les falta a veces,
las pupilas sin la luz que inventa
y traza los contornos, que precisa.
Déjame seguir el placer de la memoria,
de los segundos dormidos donde el sueño
se confunde y se desliza hasta el ahora.

Déjame sin palabras, sin la marca
que sostiene las cosas sobre el continuo del mundo,
que diferencia las cosas
entre el abismo del mundo y el latido
abierto del hurón o de la abeja,
del animal que (cuando solo) únicamente
se siente ser a sí mismo ante su muerte
en el segundo anterior y completo en que se pliegan
lo abierto y lo pautado en las palabras
como un paño en dobleces sucesivos
donde la extensión las exonera:
una sábana doblada a dos cuando no hay nadie,
recogida
lavada a piedra bajo las memorias
traspuestas de la especie, ese algodón ligero
bajo el sol de agosto, el blanco en la pradera
como la rendición que de lejos se divisa
(la pupila precisa y contraída, luz en calma)
o la trampa nocturna que atrae los insectos
al pabellón del blanco, lo que late ciego
sin más ritmo que el del pálpito que cesa:
un latido sin nada que repita, sin su eco
para morir o para volverse uno con lo abierto.

Los días reales

Un lugar en el tiempo, entre las islas
como un puente: un gran puente dividido
en artilugios colgantes,
en puentes pequeños que atraviesan
en bamboleo las marismas, el agua
que sube y baja en las mareas.

Un lugar en el tiempo
de la vida, un sitio abierto
donde quedarse sin miedo, donde acudan
los peces a la mano. El sitio aquél
donde más que llegar se está con la certeza
de haber vuelto siempre adonde luego

después de cruzar todos los puentes,
de haber atravesado en equilibrio
desfiladeros sobre el abismo: los espigones
que no conducen a parte alguna, los ríos
que desembocan siempre en la mar como los ríos
han venido haciendo desde siempre.

Un sitio en el tiempo donde el tiempo
esté hecho de los días sin ausencia, los días reales,
la paz del sueño hecho uno con el cuerpo
propio: con la piel y los huesos y la carne
del ritmo que alimenta las mareas, el ritmo
preciso de las noches y los días de tu vida.

La lectura

> Mit allen Augen sieht die Kreatur
> das Offene.
>
> R M Rilke

No pienso en los días que recorren tardos
la sombra y su séquito, las damas de la cara velada
con sus doncellas alistadas para el miedo.

No pienso siquiera en los días donde estuvo lejos
ni en los días remotos donde nadie se conoce,
las horas con siluetas desnudas que desandan
los pasillos rumbo a las duchas o camino de las cámaras
del fin, o escoradas al sueño o camino a ninguna parte.
Me refiero a otra cosa (no pienso siquiera en nombres
olvidados, en los nombres que no dicen nada cuando
callan)
y tampoco sé bien si leer esto te cueste demasiado,
invite al ruido o convoque acaso el ruedo, la fiesta bárbara
donde el animal y la ceremonia juegan con su muerte
y la expectativa de la muerte o del aplauso
colma de un aliento ajeno el espectáculo.

Me refiero a otra cosa, a un ánimo distinto
que no pertenece al juicio ni al aplauso, pienso
en ti y en mí si eso cabe decirlo sobre las horas
del tiempo, sobre las aguas del río que se detiene a veces
o se despeña o se enreda en remolinos pero fluye

igual a sí mismo desde algún sitio hasta el mar
que es lo que suelen: Lo que toca, mascullan las doncellas
de la dama velada cuando echan un vistazo, si bien
no hablaré de ellas ahora: que se queden con lo suyo,
que se ganen –allá ellas– el pan sorbiendo adioses,
la médula podrida de los huesos, farfullando
porque aquí no pintan nada. Me refiero a otra cosa.

Pienso en el río ése que es como todos y ninguno
y barrunto lo que flota sobre el agua y se sumerge
y en la boca abierta, la bocanada de aire con los ojos
cerrados, el cuerpo hecho figura en la corriente
que mece los días y de cuando en cuando los detiene
o los aparta o los protege o los expone a la mirada
y me dejo pensar también, aunque no sepa
en la memoria o lo sabido que a veces sobreviene
como si llegara de otro tiempo o de otra vida
y en ti y en mí, en la medida de los días, la piel húmeda
los ojos y la boca respirando a la intemperie
despiertos entre las sábanas de casa, escribiendo
entre los dos, a cuatro manos cuatro piernas cuatro
décadas este mismo poema que ahora al menos
será en presente lo que lees, a todo eso tan sencillo
que se entrevera terso con la piel, lo que se abre.

Tema y rema

(2013)

Salir de lo oscuro y entrar en lo oscuro silenciosamente.

Reinaldo Arenas

I.

Las palabras

Mejores que el ojo y que la mano
del mentido autor que las escribe, las palabras
sueñan solas y acuden por sí mismas
al registro lato de su ausencia.
Mañana serán sólo palabras, destino extraño
para lo que se llena ahora de tino y de consuelo.
Mañana, o luego, ya no será momento
esto que hacen y las llama, ser llamadas
la obsesiva compulsión de las palabras
cuando son lo que son, esa cosa sola
que no sabrá ser más, ni gesto ni regreso,
ni Edén ni mentira ni sentido
ni más que ausencia disculpada.
Ya mañana mentiremos la disculpa, la que ahora
no hay
la que siempre está dispuesta,
la disculpa, o es acaso el día
que retorna las aguas a su cauce.
Qué cauce o qué mentira, qué regreso
tan hábil que devora el tiempo
y borra las huellas en la arena, y borra
de un plumazo lo que ahora
suena el río, lo que trae o llega
como la voz tras sí misma,
la voz que se agita y reconoce
en el segundo de un destello su sonido
y la marca que la puebla pero ignora

siempre la marea, el flujo del olvido
que limpiará la arena, que dejará tan sólo
del momento la memoria torpe
para saber que fue, y que ya no lo tenemos
ni lo tendremos de vuelta, la disculpa.

De ti donde faltara

No sé callarme ni mentir
lo que no sé cómo se dice:
que amo esa sombra o la sonrisa
que me enreda la lengua y que quizá
no seas tú pero te habita
o se ausenta de ti
—que de no estar no estuviera
en ti, de ti donde faltara justo.
No sé callarme ni mentir
que te amo y amo a otra,
y que no sé si seas tú cuando no está
esa otra que te habita, quién es cuál.
No sé cómo se diga
que amo la casa o el cuerpo, la boca
cálida a través de donde asoma
esa mujer que pasa temporadas
fuera y que a la vuelta, si es que vuelve,
recoge los muebles, abiertas las ventanas,
airea de par en par toda la franca
certeza de ser ella, todo el cuerpo
desnudo ya en tu piel, la vuelta suya
llenándote a ti como el torrente
que atraviesa sólo el cauce
algunas veces en el año, pero siempre
baja de nuevo por la misma
pendiente, recorre el mismo surco
que lo lleve hasta el mar cada verano,

que lo abrevie. Por no saber no sé siquiera
si amo o qué ame, si sea el cauce
o el torrente, si el agua o la ribera,
la piel fresca que se escurre breve
o esa zambullida bajo el agua, si su vuelta
o a ti allí, tú esperándola desnuda,
tendida tú en la espera sin saberlo,
a ti sin ella, tú sin más
temblando de frío sin saberlo mientras vives
de prestado la casa vacía, mientras vives
husmeando en los rincones
perdida en el desván o en los jardines
o alejándote de noche por el bosque.

Anámnesis: insomnio

No hay asomo de sombra
no hay misterio
en la mujer que duerme desvelada,
en la mujer que gravita
que recorre
la grava del sendero desvelada
y de cuando en cuando se detiene
como quien escudriña la noche:
como quien atisba en la memoria
las páginas del sueño que hoy no acude.
El vaso, en la cocina
pareciera beberse como agua, un líquido
o ya vuelto agua bebida, sorbos que no alcanza
ni siquiera cuando se enrolla con las sábanas
como si la verdad la detuviera
todo el tiempo a la vera del camino
que sin embargo recorre, ya sin sueño,
o sigue, que desanda
como se deshacen una cuerda o un ovillo
de plata, de lana recién cardada y tibia
a la sombra de una encina, el espaldar
de la silla sobre el tronco, pies colgando
y en torno las ovejas, balidos del rebaño
trasquilado recién
llamado tarde
cuando despuntaba la noche:
un remedio para insomnes,

que paso es también
el paso con que marchan al abismo.
Y en cambio ella qué fija, detenida:
cuánta en cambio la certeza detenida
luchando contra el sueño que no llega
buscando con los ojos
abiertos sin remedio o a desgana
aquello que reluce, el destello sin saber si imaginado
o si mentido, el destello que a veces, rumor sordo
sobreviene de algún lado, llega
como brisa, el hálito de algo que atraviesa
como un pálpito a la mujer que se detiene
que se detiene y otea
el aire con la sorpresa
y con el vértigo, sin sueño,
de haber visto antes, ya de haber estado
de conocer de algún sitio
remoto las figuras, las huellas del rebaño
corriendo hacia el barranco, todo eso que no sabe
precisar ni tiene nombre
a la vera del sendero que desanda ciega
entre los ojos abiertos de la noche.

Cuesta arriba

Mira, dijo. Míralos allí, míralos al borde
o a la orilla del abismo, las siluetas
recortadas sobre el fondo
de ahora, sobre el fondo del pasado y del ahora,
de toda la verdad y toda la mentira
rodando juntas como rueda
una pelota, una esfera, una bola de plata
sobre una superficie tan extraña:
sin tapete de fieltro, no una mesa
conocida de la casa, ni siquiera
algún mueble en los lugares
familiares o frecuentes donde se entra de la mano.
No un sitio de siempre, dije, ni una mesa
de billar sino más bien otra pendiente, algo
como tierra o como grava, alguna cosa
como arena y algas y silencio,
algo que a todas luces no está hecho
para que se lo atraviese dulcemente
o para acariciar luego su huella
como si se frotara arena piel abajo.

II.
Algo que no está hecho, a todas luces,
para que rueden sobre su lomo tantas cosas.

III.
La intemperie quizá, como un salterio
de plata o como única avalancha:
o es acaso
justo la necesidad de la intemperie,
y no saberlo forma parte
del conjuro, de la mano que empuja
levemente, en sólo un roce
pendiente abajo lo que rueda:
un presente de una extraña
belleza, de una claridad tan nítida
que no saber es también la verdad donde se aleja
o parte de la otra verdad que busca a tientas.
No saber –dije o dijo–
forma parte del destino, del adónde
llegue si es que llega,
del sitio del arribo y la sombra en la partida;
de la sombra de las velas sobre el puerto,
del espigón aquel
donde se atan y desatan siempre las amarras.

IV.
Mira, dije: Míranos. Las siluetas
las conoces tan bien como yo. O mejor
si cabe, como sé yo de bien la tuya
en trance o en gesto del amor, los labios
que ante el espejo son los mismos y distintos,
toda la belleza y toda la lucidez y toda
la luz y la sombra, la sorpresa y el riesgo
rodando cuesta arriba como esa bola de plata

que se despeña sobre grava y hierba y musgo,
rodando como en escora, rueda en salto
o pausa, en salto o sobre vértigo, certeza
que guarde del asombro lo que es sólido.

Bajo el agua

Sin la pantalla donde escribo ahora
más bien, quiero decir, sin ella ahora
todo es más turbio y más lúcido
y más difícil de decir. Imposible
ya incluso de decir cuando en cambio
haría falta más saberlo. Se sabe,
y por eso, únicamente por eso
la belleza del sol a esta hora basta
aun nadando a ciegas bajo el agua
aun midiendo a ciegas las palabras
bocanadas de aire las palabras
que no van a estar, ni falta
que nos hacen, o sí, ni falta ni mentira.

II.

Babel

Qué tiempo manido, qué espesa fábula, qué fiesta
derramada en la luz de un cuerpo claro como el día
de un cumpleaños en provincia, en casa de unos primos
lejanos, como agua que corre o se despeña sola,
de un cumpleaños con sorpresa más o menos imposible.

Qué tiempo tan claro contigo el de las horas
–qué tiempo ése si es que puedo, si se puede
decir contigo sin que la lengua se trabe o enmudezca,
sin que te dé la risa de la noche bajo el arco de las cejas
escépticas, el arco de la duda. Qué tiempo, igual,
el de las horas aquellas, aun sin nombre
y qué fábula tan densa, tan clara: con su torre, sus ventanas
su adentro y su afuera, su jardín. Los pasos sobre el pavimento
en vez de sonar parecen ahora huellas, se deshacen
en vez del eco en la silueta
o la sombra de unos pies descalzos sobre el suelo
tranquilo de la casa. Qué fiesta la que nombra
a tientas –es un decir, a ciegas: pálpito
las horas veloces detenidas en el agua del espejo
y un nombre que sabe como lengua de susurros.

Certera sombra

Precisión de incertidumbres, voz ganada
a la niebla de sus ecos sucesivos,
meridiana. Precisión de fantasmas que tropiezan
en procesión por el bosque. Certera diana
de la afinada puntería: una alforja
de sangre o una sombra
desplomándose en el cuerpo que se planta
a horcajadas, desafiante ante el espejo
y se desliza entonces suave por la risa
en latir luego de pétalos, y es susurro
a borbotones, ronroneo sordo de llovizna
que no empapa ni cala sino limpia adentro.

Los oficios

Algarabía, voces húmedas
en torno, voces claras
remontando en la pupila sus quehaceres
los oficios
sin nombre ni aflicción de la presencia,
y su aliciente tan ligero, breve
como el trazo que se escurre
antes de ser ya fijo, piel o rostro
o sombra (tanto monta) o máquina
o mirada. Sólo trazo en el instante
del aceite o del gesto, el suyo
en tan caligráfico ademán, ungida
del cuerpo esa presencia: la naturaleza
breve como un pálpito
de lo que hay, lo que es: medida grácil
o amable de las cosas
de los objetos dispuestos para un círculo
que murmura, dice por sí mismo
de las bondades y el peligro,
la certeza
de su hábito y su sombra, la certeza
y por toda elocuencia ese susurro.

Paisaje

A cántaros, musitas: como si la lluvia
apareciera de golpe en el pasado,
en otro siglo. Como si la noche
te buscara no sé dónde, en mañana
o en ahora, en derredor. Creciéndose
la lluvia, de vuelta en su marea.

Pleamar o resaca. La corriente
tan extraña de un cierto ventarrón
de un viento que soplara
desde las entrañas de la tierra.
No hay tormenta sino a cántaros
lluvia seca o lágrima perdida,
nada salvo los ojos, tuya la boca
y allí los ojos que entretanto
se demoran de frente a ese paisaje
bajo el cuerpo
oscuro y tibio, verdadero de las cosas.

III.

Las dunas

Tomar posesión, hacer espacio
al jardín increíble de las cosas rotundas:
el lugar donde se sabe, el sitio aquél
donde cabe entero, donde suma
entero su oficio el cuerpo del misterio.

¿El cuerpo del misterio, has dicho?
Exacto. El cuerpo atravesado
por la voz que habla en otra lengua
el misterio del mundo. En una lengua
extraña y a la vez tan tuya: un pálpito,
el latido del ser. El latido del fondo
del abismo, del centro del centro de la noche.

¿De la noche, crees? De la noche o quizá
del desierto, un promontorio de arenas
blancas hechas por entero su reflejo,
de una playa donde las dunas repitan
el cielo, así de simple. ¿De la noche,
entonces? Da lo mismo: de eso que habla
así de simple y crucial a través tuyo:
el fogonazo de luz que lo recorre todo
y que se vuelve luego una mirada
o un latido y que es él mismo su principio
y la fijeza del asombro, su medida.

Entretanto

Doce horas. Doce horas transitando
por la fatiga al filo del abismo:
de un abismo suave, seductor,
más un tobogán que un abismo,
menos tobogán
que aceitada pereza o laberinto.

Veinticuatro. Veinticuatro horas bajo el cielo
íntimo y gris, plomizo casi siempre
de una siesta perdida bajo el aire
amargo de salitre entre dos lluvias.
De entretanto: de aún no y en todavía
perdido como quien recorre un pasadizo
secreto entre dos muros, la muralla
horadada por las horas del vigía, por las horas
secretas del que atisba en la ventana
y escucha sin ser visto los secretos
que transcurren a su lado, donde viven
noches por fin definitivas los durmientes:
los testigos
de sí mismos, los testigos mudos de la vista
del que aguarda y se apresura a otra mirilla
agradeciendo la ausencia de las ratas
o el saliente de la piedra que conduce a la salida
(poco a poco a la salida, fin del túnel; los testigos
ciegos, pero eso lo pensará mucho después:
los testigos venturosos y tullidos

ajenos a su propia muerte, a su transcurso).

Cuarenta y ocho, doce de nuevo. Las horas
se apresuran cuando nada las detiene, cuando nada
las ancla al suelo o a la tierra. Los labriegos
recibirán como a un santo al que emerja de los muros
en un jadeo, boqueando y embarrado
de lodos, cubierto y medio ahogado por las hojas
muertas que se hacen limo en la ribera
adonde desembocan las calles subterráneas,
donde mueren
los pasillos del que entretanto atisba, las paredes
una tumba y también un intervalo. Los labriegos
alzan los brazos y festejan el arribo
del vigía moribundo al mundo donde el tiempo
se mide en estaciones, se cuenta por semanas
y por décadas y años, donde el tiempo se calcula
en ciernes en vez de por esperas o en acecho:
donde se escurre calmo en horas como ésta,
en horas largas en vez de sólo carne transcurrida
en cuerpos entrevistos entre mirillas y ventanas
entre las idas y venidas
por el laberinto denso y tan extraño de la espera.

Abrevadero

No hay prisa. La tenemos
toda o el tiempo compartido
hasta el infinito de la pérdida.
No hay cieno
en río seco, en tierra yerma.

No hay vuelta que no cobre
el óbolo del olvido,
el precio y la suerte del olvido.

No hay cieno
bajo el agua, en ríos que corren
si no es a la orilla, entre los juncos
donde se escapa a la corriente,
donde varan
los leños que trasiega sobre el agua
el señor del castillo, donde crecen
trabada suerte los juncos, y las huellas
sobreviven escasamente al día
del animal que abreva leve
antes de retornar saciado a la pradera.

Medea

Una historia con rehenes, una historia
de amor y de horror en el desierto.
Un rencor hediondo como el cuerpo
estragado, pútrido de un súcubo.
Qué exorcismo
o qué pasado sin vuelta o qué remedio
que deshaga la lápida del odio, la energía
laboriosa con que tejen, puntaditas,
sus dedos amarillos la penumbra
sórdida y fétida del odio.

Afortunados los que nunca
han visto frente a frente el rostro
los que a gritos no han oído
la voz cerril del odio. Suerte, suerte
la de quienes no la conocen:
la de todos aquellos que se afanan
en llegar a buen puerto y todavía
consiguen despertarse a tiempo,
serena fortuna de los que pasean
su tranquila ignorancia los domingos.
Felices, sólo, los que no la conocen:
los que van y vienen sin que el día
les carcoma el tiempo, sin que medie
otra puntada de sangre en el muñeco
vivo que la rabia tortura cuando sangra.
Felices los que viven solos, los que almuerzan

tranquilos sin que siempre arrumbe
como un verdugón en el pasado aquella franja
del miedo, sin que recurra a ratos
el año aquel oscuro que no cesa: sin las preces
de la muerte que de nuevo rumia
entre dientes separados su venganza.

Claridades

Nada te detiene. Nada
te obliga a callar sino tu miedo.

Enamorada de ti. Enamorada de ti misma,
de la belleza que en otros
se refleja o rebota o atraviesa
la niebla como un gamo. Asombrada de ti.
Avergonzada
de lo que no eres tú, perdida
entre gestos que no devuelven otra cosa
que no sea el murmullo trivial de lo que pasa
sin que nada te detenga ni te avise,
sin nada que resguarde lo que es frágil.
No hay aviso ni pausa, no hay concordia
en medio del momento, en el instante
en que asoma la sombra o algo cae
por su propio peso bajo tierra.

Extraña belleza de la muerte, una mentira
para mitigar el dolor, cerrar los ojos
y esperar a que pase. A que termine,
a que comience
de nuevo lo que transcurre solo
y no cabe nombrar
sin miedo a que cese, a que llegue
a desencajar el dolor las órbitas
de los ojos, decir sin miedo a la ceguera

o quizá más lejos: quizá espante
como nada un Edipo con los ojos
abiertos, con los ojos
sin párpados y dolorosamente abiertos
ante la eternidad del desierto.

Yo también, dije o eso hubiera
necesitado decirlo: yo también
necesito cuidarme, yo también
debería esperar aquel instante
en que las palabras nombren lo que adentro
tan bien se sabe de antemano, que digan
desde siempre lo sabido. Todo el tiempo
pospuesto el surtidor, el momento
final en que broten las palabras. Las palabras
que por sí solas no son sino un sonido,
un ruido de fondo como el ruido
de los pasos en el agua o de la calle
colándose por la ventana abierta en la cocina,
como la música que disimula lo que duele.

No tengas miedo. Nada te lleva, nos lleva
a callar sino el espanto,
la prefiguración de un final
repetido espejo contra espejo.
No tengas miedo. Nada sino la ilusión
vana de lo indemne,
de una disculpa del silencio,
de una absolución ganada
a golpe de silencio, de ventanas
cerradas, de no haber visto nada:

Yo no estuve aquí y nadie
me ha visto, estoy ileso, fue a otros
que pasó lo que pasaba, yo no he sido
ni ha sido mi sombra la que estuvo
muriendo sin belleza bajo un sótano.

IV.

Nadie

Nadie ha dicho el laberinto
secreto de la sombra como dices
tú su oscuridad. Nadie
que mencione nunca los lugares
ni aquel tiempo extraño del pasado:
no recorre
nadie sus plazas como las cruza a ciegas
la sombra aquella que desanda
abierta y despacio, desnuda su periplo
de voces y de miedo, plenitudes
que parecen de otro siglo, que parecen
de otra mujer o de otra sombra, otra
aventura menos umbría, menos sigilosa
vivida en tu nombre por quién sabe.

El mercado de los pájaros

Cacatúas, guacamayos, aves raras
que prefiguran el olvido de los nombres
o más bien confirman ese olvido
muerto con el último dodo, con el último
judío asesinado en Lemnitz, un disparo
en la nuca luego de la foto
tomada seguro con un tessar
o un novar, lo más probable,
montado en una ikonta. Con el último
hablante de una lengua que va a morir con él.

Asombra esa aritmética:
el número de las cosas
provisionales o perdidas para siempre.
El número de los días que restan
para el fin o la vejez o la muerte
de alguien cualquiera,
de un conocido o de un amor.

Un tessar de Jena, orgullo de la óptica. Cristales
pulidos bajo el manto de Spinoza. Un tessar
de cuatro elementos como indica
su nombre y una cámara que cabe en el bolsillo.
Al borde de la fosa el que sostiene la pistola
esboza algo que bien pudiera ser una sonrisa
o quizá un gesto de aplomo: ¡un gesto de aplomo
viril entre camaradas! Abajo, en un montón

los cuerpos como pájaros rotos por el ruido.
Y la cerveza: cerveza derramada sobre un cuaderno
de hojas pautadas para música.
Cerveza de Münich sobre un cuaderno holandés.
La óptica, la óptica: el orgullo de Jena.
El orgullo de Hegel. El orgullo
de los que valoran la precisión de los valores.
La tinta perdida sobre el blanco
no ha lugar en el mercado
de las cosas provisionales. Memorabilia,
recuerdos de lo que mañana no estará.
De lo que siempre
se supo último y perdido de antemano.

Guacamayos, cacatúas, aves raras en corrales:
en jaulas que simulan ser de época, unos años
tan fingidos como si se tratara de recuerdos
ajenos que aquí se venden como propios.

Los ríos extraños

Un rostro de sombra y una voz que hablara
desde alguna parte donde habitan
cuanto menos secreto que certezas
del misterio, su presencia. Menos
la noche donde oficia el cuerpo que transcurre,
la sacerdotisa sin rostro de algún rito
que certeza de que allí se sabe demasiado.

La certeza o el peso: así se sienten. Así asoman
la tentación del ventrílocuo, aquello que atraviesa
como una piara que corriera hacia el abismo
ante los ojos serenos del pastor, el reposo de un cayado
y manos donde se apoye la barbilla. Cállalo, somete
eso que no sabemos qué, dicen los otros. Eso piden
las voces negras que custodian
el laberinto del secreto, la densidad que a la sombra
parece que fuera tremenda o distinta o suficiente
para perderse en la noche, para dejar que la mirada
atisbe alguna parte del misterio: Cállalo, somete
lo que yo no sé, lo que tú tienes, lo que sabes
y te hace, claman, más fuerte que yo: compadécete,
humíllate. Pártete en dos, en diez, en otro cuerpo
ajeno, que no sea el tuyo y que no sepa:
cállate como si nunca hubieras visto nada,
como si ninguno lo supiera.

Como si perdiéndote en su niebla enmudeciera

la voz que habla a través de lo que dicen
los gestos que atraviesan por dentro a esa mujer
que entrecruza los dedos cuando siente, cuando cae
a propia sombra el hilo del secreto, cuando calla
y se propina el dolor, las voces fuera, y se sumerge
en la noche del dolor y se abandona
a la última playa, la última partida
por jugar sin que medien contendientes,
sin que medie
algo que no sea su propio laberinto,
alguna cosa
más allá del túnel, ni siquiera
el aburrimiento seco de los naipes
sino sólo la torsión del propio
fracasar despacio ante el espejo, de los gestos
del frívolo adiós, deuda de miedo.

II.
La mirada es tuya, el rostro, el cuerpo
que habla a través tuyo es el espejo. A qué callarla
como si cobraran otro cuerpo los objetos
como si fueran precisas la compasión o el miedo,
la sangre humeante en algún altar de sacrificios.

A qué callarla si el rostro velado por la sombra
no es sino el rostro sin palabras, sino el cuerpo
mismo de la vestal que se sacude sobre el suelo
cuando la vida la atraviesa como un soplo
de serena certeza que deshace en agua piedras,
que desata en ríos los nudos del misterio.

Tan llana la certeza de las noches y los días,
el asiento del tiempo con un rostro que no es
sino el rostro mismo, el sitio aquel
adonde acuden todos los misterios:
el aire donde habitan, donde soplan
las voces idas de los muertos
las voces alentando en el hálito húmedo del bosque
al musgo vivo que sabe crecer sobre la piedra
y que sólo se siente en el roce de los dedos
de un cuerpo vivo y sin trocear,
de un cuerpo sin partirse sino íntegro
donde no caben ni deuda ni silencio, ni piedades
mentidas por hacer como si nunca
se hubiera visto ni sabido, como si.

III.
Al ras, como un cepillo que lamiera
una corteza más áspera que él mismo:
sólo astilla y veta, nudo
rompiéndose en el cielo de la boca.
Son de esa madera
los gestos que no tienen sucedáneo:
franja o nota de corte, nogal del temple
del acero o de la sombra: del acero de las hélices
que surcan ríos extraños, la pendiente
de los arroyos calientes como sangre
del que desesperadamente desea un cuerpo
del que aborda un cuerpo como un trozo
de carne, de lo real, como un pedazo
extraño de sí mismo

como un margen que lo urge, que sonsaca
la certeza del adiós, adiós previsto
sin lágrimas ni partida, sin velorios.

Ríos calientes como algo
que ebullera y se desperezara luego poco a poco.

Contornos

Hay que ver cómo pasea
esa doncella en el centro del sueño
su pálida osadía: tiembla
pero avanza con los ojos
abiertos, con el cuerpo
expuesto ante sí misma,
trémulo en los ojos
que acostumbra a la penumbra,
que recogen
en la pupila dilatada la penumbra
ya hecha, vuelta sombra
de algo y no ceguera, noche en blanco
no abierta sino abriéndose, precisa
en lo que va ganando en peso
vuelto nombre
en vez del estupor del primer paso
y poco a poco el contorno de las cosas
se le puebla en la piel, allana su misterio.

Los sucesos

Noche a día. Día tras día. Como cabos
sueltos los cuerpos: traslúcidos, inasibles
en sus gestos como cabos
afincados por contra, atados bajo el tiempo
de los sucesos veloces: nadie, nada apura
la sucesión ni el advenimiento, las premuras
ni la paz tan densa del arribo. Nada cuaja
en la métrica extraña, la melodía repentina
de las voces perdidas. De las voces aquellas,
todas las voces aquellas que no van
a volver ni a quedarse, las gargantas repentinas
en su adiós y la pérdida: un concierto vacío
sin encaje ni médula. Las noches perdidas,
noche a día como cabos
sueltos, como lengua de nudos sobre cuerpos
de niebla y de sudor, entre cuerpos adosados
a los sucesos veloces, al vértigo
ávido en impulsos de la prisa y del miedo:
nada cabe, todo rueda bajo el cielo,
bajo la sombrilla enorme de las cosas deprisa,
de los hechos sin vuelta y sucesivos, aguacero
breve en su tumulto. Y luego: luego cabe la llovizna
y tras la llovizna el epílogo de siempre: el final
mortecino del crepúsculo, los adioses
junto al puerto donde parten, deshechas la amarras
las barcas, los pontones, los botecillos menores
que abandonan tierra al agotarse

la fiesta, cuando sólo deambulan por las calles
los fantasmas del carnaval, tan sólo las cenizas
de las hogueras rituales, del fuego de San Juan.

II.
Las barcas. Alguna vez leímos un poema
donde se perdían de vista desbrozando
niebla, a la deriva. Hace tiempo, hace años,
soñé que se perdían, dijo, las soñé
en zozobra y agua hecha, en tempestades
en medio del estrecho, un mar cuajado
en tiburones: un mar poblado de medusas
que rielaba en naufragio sobre el cuerpo
transparente que encajaban de la noche.
El dolor de entonces, la oscuridad
de entonces, ¿sabes? Eso duele todavía,
asusta como si precisara un cuentagotas.
Como si quisiera alguien suplantarme
y vivir a través mío, suplantar
en su voz circular el dolor y la mirada
y la palabra, sobre todo la palabra
que no sabe decir lo que no quiere
oír nadie, lo que no va nadie a entender
si no es en medio del agua oscura de la carne,
sumergido en ahogo hasta el jadeo:
si no es anegado en el impulso
de su sombra, del silencio. Todo eso que no
te he dicho nunca, sí. Todo lo que no puedo
ni nombrar ni mostrar,
lo que no quiero creerme. Créeme, dijo,

y al decirlo
la mano le palpitaba junto al pecho,
la mano le jugaba
trémula y tibia sobre los pechos, vacilaba
entre la caricia y el abandono y el arrojo
como la diestra sobre el fuego del que asiste
a lo que nunca, como los párpados
entreabiertos de quien finge el sueño
para salvar su vida o para que la vida
de los otros siga a salvo, dilate sus pupilas.

Escolio sobre el blanco

(2014)

I.

Lienzo del acuerdo

En la transparencia matinal del pan
y del agua, de cuerpo y desayuno. Así se pierde
el blanco cuando se diluye en tinta ajena,
así se pierde el blanco ahora que parece
en vez de papel un panel dispuesto para el óleo,
una tela mancillada en costra a la intemperie:
algo como un lienzo cruzado por la espátula
y no ya el soporte dócil, el fiel de las palabras.

Los arreos

Incapaces de grandeza, míralos:
incapaces
de ir a ninguna parte sin su perro,
sin los arreos para un día
que ni siquiera es suyo ni es el último.

Como ancla de hierro que impidiera
zarpar, perderse mar adentro: los suicidas
no prometen casi nunca su retorno
(no mienten despedidas, no hacen vanas
promesas, nunca beben a destiempo)
ni acuden al aviso primero del desastre.

No aparecen cuando todo los convoca
a la desaparición o al genio comedido,
a la espesura donde vela la corriente
donde asientan, fieles,
sus preces los mil nombres de la ira.

Vela gruesa

Lentitud de mañana en el apartamento,
día tranquilo. Ducha pospuesta, lecturas
pospuestas, página pospuesta: lluvia fuera.

Vela gruesa, su siesta. O su proyecto:
una hora de siesta que todavía no he dormido.
Afuera hay luz, una luz tamizada por la lluvia.

¡Has perdido la ilusión! ¡Has perdido
incluso el entusiasmo!
¡No se te puede llevar a ninguna parte!

Figuraciones del fin. Del tiempo del acuerdo
que es también el tiempo del fin y de la nada.
O el tiempo de la plenitud,
según se mire. De su víspera, dice la poeta,
del instante donde el gesto no precisa
ya de su muerte, donde no cabe
su omisión, suspender lo que junto alienta.

El miedo

Espiándose a uno mismo. Volviéndose
una y otra vez a ver si alguien
te escruta la nuca desde la ventana
de enfrente o en el pasaje oscuro de la vuelta.

No hay como pensar, dijo Lucas, en el miedo.
No hay como vivir el miedo como una regla
que caliente los músculos del cuerpo,
un trapo sucio y húmedo en la tibieza
de un cachorro de gato o como sangre.
No hay como el miedo para vivir la vida
ajena de otro, la muerte de otro por la propia.
No hay nada como el miedo si se trata
de perderlo todo sin poder mover un dedo.

Pentimento

Lo que hubiera tenido que hacer
hubiese sido. Subjuntivos.
Y lo que no fue, ya lo sabemos,
no se vive en subjuntivos: las disculpas
lo son cuando aparecen en la noche,
cuando irrumpen en la zona de los días
o zanjan su término en el sueño.
Contrición de quién hubiere
poco vale a destiempo. Las disculpas
lo son sólo cuando caen por su sitio.

Cuando todo está en su sitio,
cuando su propio peso las releva.

Las disculpas perdidas, las noches
perdidas en disculpa. No se cabe
bajo el asiento del día ante la muerte,
bajo el marasmo hipnótico de perderlo
todo porque sea mayor el sacrificio,
más vigorosa (más sin vuelta)
la afirmación rotunda del fracaso,
su renuncia póstuma
sin otra figura que no sea el falaz
perdón de la deuda y el castigo,
su promesa a desgana para el fin.

Cuando pesa la culpa bajo el agua

Hay un rodeo larguísimo que lleva al lago,
un camino bordeado de lavanda entre dos muros
de piedra de cantera. Un rodeo precioso,
dice, para llegar adonde estamos, para volver
aquí mismo adonde estamos, los placeres
recurrentes de la vuelta... No te entiendo,
¿es que no quieres
alejarte de nuevo y regresar, perdernos
otra vez para la vuelta? No lo entiendo
y no veo lo que pasa, ¿A qué esa cara?
Es como descubrirse, porque perderse
¡duele tanto! Y si hay dolor será verdad,
la única medida donde abreva la certeza
cuando pesa la culpa bajo el agua.

Una llamada pendiente, un modo fácil
de decir que no a lo que no compete.
¡Cómo si fuera sencillo lo que es simple,
cómo si no supiera, dice, todo lo que sé!

Ni siquiera lo entiendo, mira. Y no quiero
sentir que me castigas, si tenemos
todo el tiempo de la muerte por delante,
las horas y los días de la ausencia
y la noche de siempre, la noche detenida
en su mortaja de aluminio, hielo y sangre
de sombra esclarecida, de abrepuertos.

Los cubiertos

> la carta suya entre los recibos de los muertos
> pero él ya no iba a volver. El misterio o el secreto
> del asco, de la muerte dócil que se asoma
> a destiempo por contemplar su propio adiós.
>
> B Serraud

Nada sienta. Cabe poco a cuento bajo el día
dormido en equilibrio, perdido en el sosiego
de sus predios narcóticos: los manteles
dispuestos como en la mesa de un velorio,
como en la mesa donde se ponderan los tributos
y se prestan alcancías donde quepan
a buen recaudo las memorias: sordas pócimas
que ahorren el dolor como una música
que encubriera la tortura. Toda la música
como ruido que encubra, que haga llevaderas
la vergüenza de los que a sabiendas hacen mal
y de los que no dicen que no: aquel rubor
oscuro que se atora, que disimula el tintineo
de cristales y cubiertos, bajo esa letanía
que discurrirá trivial hasta que duren
la pantomima y el deber vueltos silencio
–la pantomima de era yo en el fondo quien quería,
la pantomima de no, no es a mí a quien
se lo hacen sino Mira: soy yo misma quien decide.

Esa pantomima de la deuda y del horror

cotidiano de la deuda, la belleza que se ofrenda
si total, tú y yo tenemos
más belleza que quemar en los santuarios.
Si no es mía la mía porque debo, porque a cambio
el muerto sigue respirando y no se hunde, alienta
un aire que no es suyo pero aun así me sobrevivo,
porque así bailo, mira, todos los días con mi muerte
vestida con una piel que no es la mía, agradecida
cuando lo que tejí en el día se desteje por la noche.

Y nada viene a cuento sino en tinta, un chorro
tibio de tinta bajo el agua: los embates espasmódicos
de un calamar fluyendo en fuga. Cortina de humo
y risa en sesgo, contracciones breves como el pulso
de un esfínter animal abierto, como los charcos
de adioses vergonzosos de un cádaver, esas trazas
del sueño que despiertan las Furias, las benévolas:
bacantes buscando en desespero –en estupor,
agotamiento, los dedos mintiéndose en la siesta seca
algo que lo absuelva en llevadero y soportable,
algo que aliente mejor en sacrificio, en cotidiana
rémora feliz sin carne, en el destino de la hoguera,
en el destino
de una piedra atada a los pies a ver si flota
la bruja presunta cuando el tribunal la arroja al río,
a los canales.

¿Y cómo soportarlo? ¿Cómo es que se pasea
ante los severos jueces la culpa sin que duela? ¿Cómo
se pasean la belleza, la inocencia
ante los jueces que de no hallar culpa se irán lejos?

Cómo se hace ante el tribunal que necesita
esa culpa en alimento, la vida en alimento, el aire
de los condenables en alimento, que requiere
respirarlo porque si no se pudre, porque si no
los gusanos van a mostrar su cara fea... ¿Cómo
se hace si hace falta la disculpa? Sólo un poco más
de sacrificio, arriba, venga: que humeen los altares
el tributo del asco. Que lo humeen a escondidas,
tan en secreto el sacrificio como la vida que pospongo
(un poco más de sacrificio porque la cara
de los gusanos se haría insoportable, qué vergüenza).

Y que sea como si no pasara nada, eso lo primero:
que sea en el sótano que nadie puede ver, que sea
con música a todo trapo, la música que silencia
el tono obsceno de los gritos, su timbre más agudo:
que sea con la música que secuestra las palabras.
¿Buscando qué? Algo que consuele,
aquello donde el tiempo
se refracte en su espera. Algo que haga menos dura
la agonía de un cangrejo en la nevera, los gestos
que lo mueven, esa lentitud de las patas al buscarse
en movimientos menos suyos que de muerte.
O en su reverso: que sea rápido, que acabe,
que siga siendo hasta que el tribunal se desvanezca
(si ya hasta aquí pues qué tanto
da lo otro, lo que venga: tanto monta, si yo).
Pero mientras tanto, mientras dure el mientras
mejor pagar a diario las deudas, mejor el boca a boca
para que el lado purulento no aparezca. Mejor
los dedos fingiendo, tejiendo en una danza

lo que se desliza en los oídos, buscando en el jadeo
febril la fuente del placer durante la pausa:
un asidero, alguna cosa que las borre al menos
de lo real como una mancha seca
de vino o de sangre, de olvido en los manteles,
de algo que cuando el agua lo recorra ya se escurra.

II.

Primavera

Un baúl en la calle, precioso. Lo subo a casa: necesita cera y limpieza, volverlo a habitar. Un baúl que me recuerda otro, y que probablemente vaya a parar a la habitación, que me recuerda otros días que no dejan de hablarme, un idioma que se perderá con sus palabras, un glosario del mundo.

¿Un premio por salir, moverme, arrancar, por empezar a asumir olvidos? Tal vez. O quizá no, no hay premios. Lo más probable es que no sea agüero ni señal, y sólo un hecho, un objeto: sólo madera y dos cerraduras, un par de llaves a juego, casualidad: que ya es bastante. Algo que ocurre como algo que cae o que muere o que se pierde o que aparece, algo que alguien ya no quiso y que en cambio me habla, que no deja de hablarme aunque nada tenga sentido ni exista fuera de quien escucha, de quien no puede dejar de escuchar y lo sabe, siempre lo supo, jamás.

Fabulari ex re

A veces cuando las cosas van mal, le había contado, encuentro cosas en la calle. Ahí, como esperando. Cosas como el butacón que nos gusta o como ese baúl. Y ocurre así sin más porque aparecen sin más, no un mensaje ni una compensación sino un síntoma: de que van o han ido mal, de que irán mejor, de que lo que pasa es lo que está pasando pero no es más y tampoco es menos. Mi primer hallazgo de ese tipo fue una máquina de coser Singer, en La Habana, que me eché a la espalda y llevé hasta casa bajo el sol de agosto o de julio o bajo el sol turbio de cualquier otro mes parecido, estiba de verano. Una armazón de hierro que luego, con una tabla encima algo más grande que la original, se convirtió en mi escritorio. Y donde luego, cuando no encontraba la continuación de una frase, le daba a los pedales. Cuando no sabía cómo contar algo le daba a los pedales y el texto se iba tejiendo en esa cuerda, en ese remedio, en esa continuación por otros medios no sé bien de qué. Quizá entonces creía saber de qué. Quizá del texto, pero no era eso lo que quería decir ahora. Entonces tampoco lo sabía, sencillamente lo hacía, o mi pie lo hacía por mí. Prosa pedestre, bromeaba. Prosa con los pies en la tierra. Sea lo que fuere, el caso es que los pedales funcionaban mejor que los arranques (por lo general sin pedales y por lo general más o menos condicionados por alguna idea tal vez demasiado manoseada, fija).

El butacón, ese sofá que a la poeta le gusta –flanco izquierdo, flanco derecho– fue otro de esos hallazgos. Pero ahí bastó con subirlo por las escaleras, porque apareció en la puerta de casa y siempre sospeché que habría sido de algún vecino que ya no sería el mío (yo acababa de mudarme esa semana). Ahí no le daba a los pedales, no había, pero me levantaba de mi escritorio de entonces y me sentaba un rato mirándolo y volvía. En el fondo, bastante parecido todo. Porque todo en el fondo se parece cuando se trata de ciertas cosas, me interrumpió la poeta alguna vez. Todo en el fondo recurre, es cierto: Nada se repite, créeme, pero todo recurre, dijo. Todo se asienta en lo mismo y esas veces que uno encuentra cosas se sienten como en la mano, alientan en el instante previo como si estuvieran ya dispuestas, aguardando allí a la espera antes de salir uno a su encuentro.

Noviembre

Un patio cubierto y un globo en el jardín,
la memoria póstuma
entre sueños de un patio cubierto y de escaleras,
de un globo anclado al árbol donde habitan
aquellas orugas de la infancia: una cesta que duplica
los objetos que se arriman al atanor del aire
en los tubos de metal, los quemadores bajo el mimbre
aventando el despegue siempre en su manera
silenciosa y sin público, entre los pasamanos
mullidos: tan muda la ascensión como el embate
de un pez que trepa bajo el agua a por el aire.

Octubre

La superficie que divide en dos el mundo, el salto
y el principio de aquel viaje coinciden con el fin
–aquí llegamos– de la zona del agua, de la casa
toda umbrales, espejo líquido entretanto no traspuesto.
El término del patio colinda con la nada: el sueño
lo dibuja un espacio trasero, techado o a cubierto
por una lámina de vidrio a su vez cubierta por las hojas
–si bien nada de esto es importante, o sea si acaso
la figuración de un acicate para el éxito, un destino.

Algo así como el capullo de una larva, las celdillas
irisadas sobre negro de aquellas orugas de colores.

Y luego empieza la noche o aparece el arrecife,
ese objeto oscuro de las mareas, huída, pleamar:
he estado allí y a veces vuelvo. Más cerca o más lejos
porque el patio se torna a veces un camino
nocturno, tráfago sediento ahorcajado en su marisma.
Un sendero no por conocido menos peligroso
que lleva hasta el mar, un recorrido del que cómo
saber mientras se cruza si también lo sea de vuelta,
si quepa entre las sombras la promesa de una vida.

Algo así como la vecindad con el término del mundo
o el fin de las rutas en los mapas, todo víspera.

Un envite latente si los sueños se bifurcan en órdago

si se arremolinan los sueños en la versión oscura
cuando hace la barquilla del globo por desprenderse
por alejarse de la tierra o de las ramas, cuando cruje
y bascula y ya se atora y se remece como a punto
de elevarse y se oye por lo bajo, un susurro pero nítida
la voz que pregunta si anda todo bien, si está ya todo
ahí en su sitio. Una voz que protege y acompaña y dice
Qué te pasa y calma el viento, la voz que pone a salvo
aun bajo el afuera la certeza, lo propio en los umbrales.

III.

Secuela de Procusto

Actualidad de los clásicos, rumbo de setas
ocres en el bosque. Nada comunica el templo
salvo un puente que circunda todo, y las sombras
de las antiguas calzadas de piedra: una mancha
de humedad en los pulmones, un vestigio.
Por aquí pasó un ejército, por aquí los pies
de una muchacha con un cántaro de agua;
allá la desaparición de las cosas sorprendía
a dos antiguos camaradas del Liceo
cumpliendo su deber entre la afrenta
tan extraña de la guerra: bayonetas
caladas como banderines bajo tierra, un lecho
de Procusto para los audaces y los altos,
para la vida que no encaja frente al rostro
impávido de lo que no tiene otra madera
que su destino de horma y crematorio.

El pregón a media tarde

Bufón o buhonero de la sombra, un argumento
que nos arranque del sueño, hombre del saco.

Buhonero acaso de sí mismo, se dirá. Utilería menuda
y de escasa monta, botones y tornillos y mínimas
bromas de su menudencia, un cuenco oscuro
y un trompo que baila al compás de quien escuche:
un trompo que danza la danza de los muertos
con su cautela de incorruptible pompa,
con su humor perenne, inalienable. Las cabriolas
de aquella pompa de los juegos imposibles,
una burbuja de jabón que esconda el miedo.

A veces los pasos se repiten como si cayeran
al ritmo o al dictado de algún sitio
remoto y que no es éste. Y a veces los pasos
se alejan de la mercancía que pregonan, eluden
las esquinas concurridas donde asisten
los clientes más ingenuos, las mujeres de los héroes
comprando siempre el menudo de su vuelta, calderilla
a cambio de nada: a cambio de si acaso el sueño,
a cambio de si acaso Ítaca
y el rescate, la fantasía insomne de su propia vuelta
y de las mejillas serenas ganándose el frescor
de las sábanas, hundiéndose en la almohada
en una moneda tranquila de saliva como un óbolo.

Los umbrales

Los umbrales. Serventesios mínimos,
escaramuzas de sentido repetidas, la labor
de unas lindes, del límite. La tremenda
necesidad de los umbrales, su jardín prestado
al oficio del arúspice, con su patio y su sitio
donde enterrar las vísceras y partir la carne
profana, la que las manos ya han tocado
y se puede comer, compartir en el convivio
en el buen ánimo del gesto del presagio
ante el blanco donde escriben las augures.

Escolio sobre el blanco

Pero los umbrales no coartan el acaso
de las puertas, no sancionan en su nombre
la utilidad de las puertas abiertas a la sombra
o ante la lluvia cuando cae y sopla el véspero
que empapará los bancos, la mesa del portal.
Pueden poco los umbrales ante el viento
cuando riega de polvo y hollín el blanco
del papel, el blanco que no será ya lo bastante
en su medida, en la dimensión de los relatos
(en la claridad de las frases que se bastan
por sí mismas, que por sí mismas se conjugan).

Y el blanco sin remedio sucio de los sótanos,
el blanco aquel empercudido de la noche
cuando se cuela la noche en los términos del día
(¡en los términos límpidos y apolíneos
del día!) lo trastrueca todo en su principio,
lo ordena todo al sacrificio: ya no hay manos
que liberen la carne para el uso
del augurio y de la fiesta que en presente
se deja decir lo que los hados escrituren,
lo que avisen o dispongan: lo que hay.
Ya no queda sino la víscera sangrante
manoseada para arrancarle su futuro:
el blanco aquél que ya no es blanco
sino ausencia de sí. Un lienzo ya cenizo
que negocia su trasiego en maldición

y lo acomoda a la frívola manía del espejo
con la mueca de otro rostro por el tuyo.

IV.

Postraciones

Un manual de anatomía entonces, dice con la palabra justa. Con la precisión o la exactitud o la acribia de la palabra exacta. En el *Crátilo*, cuando discute la pertinencia de los nombres, Platón sienta una doctrina del sentido que alcanza la verdad o la mentira de nuestras palabras, y es esto lo último que dice la poeta y se deja caer en el sofá, a lo que barajo contestar con alguna referencia a Khayyam o alguna observación crítica o sencillamente una broma, pero no digo nada, más bien la miro en su ejercicio,
   Me pierdo en su ejercicio (anoto mentalmente)
   y repaso luego la situación: Anatomía del coágulo, de las lenguas muertas, del cuerpo sedente. Postraciones.

Cuerpo del fantasma

El sofá merece un comentario aparte. Todo merece un comentario profuso y aparte pero me refiero con esto, por supuesto, a un comentario en este libro. Veamos. La poeta se ha dejado caer en el sofá, acaricia con la yema de los dedos el cuerpo medio áspero de la piel y parece (¿por qué?) invitar, que invitara. Y de hecho invita, aunque no sepa bien a qué.

Quizá sólo a mirarla, me digo.

O a meditar en compañía, cálculo de habitaciones previas (anoto mentalmente), un repaso en silencio de los nombres o incluso la figuración de los usos del sofá, posturas, anatomías del pasado y que en virtud de su recreo devienen sombra, escoltan el presente. Fantasmas, dice ella y sonríe como quien ha descubierto una palabra perdida, alguna que llevara un rato en la punta de la lengua. Lo dice como a veces he dicho yo Troya, pero ahora éste no es el caso −si bien, si bien: pátina común, simultaneidades, aquello que tan bien se siente en la mano una vez dicho.

Anatomía del fantasma (coleccionamos títulos y ése nos parece estupendo y entonces reímos celebrándolo, la desnudo de a pocos, el butacón ya nuestro). Hay todavía variaciones, a saber: *Anatomía del fantasma: un tránsito de figuraciones.* O esta otra, sin ambages: *Cuerpo del fantasma.* Y el mejor, convenimos, *Anatomía del fantasma: una enciclopedia.*

Anatomía del coágulo

La zona sin lindes donde acosa
la sangre brevemente su estadío:
el lugar donde convergen
la sangre y el latido que la empuja
abajo y arriba por los entresijos del cuerpo,
donde el latido y lo que lleva se hacen uno.
Después de la sangre llega siempre
el acabose, el armagedón breve de la crisis
y después el pánico. Después del dolor
arriba siempre una certeza que dilata
como un guante la verdad, otro pretexto
que dilata lo que hay como si fuera
algo donde cupiera cualquier cosa:
sin lindes, una zona
indistinta entre lo mismo, el coágulo
donde latido y sangre se hacen uno,
su imposible perenne y descansado.

Las rendijas

Si acaso ruidos, si acaso a veces sombra o cuerpo
más presentidos que entrevistos, los cuchicheos
de las ratas y el brillo a ras del suelo de sus ojos
y esa sonrisa burlona o desganada. Casi siempre
tan sólo los metales de la calle, lo que adviene
desde fuera y no del lado ciego, el lado del pantano.

Los lagares, pies descalzos: a escondidas las uvas
enormes de la ira desgajándose en la boca. Los racimos
negros de la ira y de la rabia, del cómo puedes si tú
sabes de lo mejor lo que es y lo que no. Las uvas
reventadas en lagares de otro tiempo, ese antaño
remecido de las dudas, clavado a una pared de tablas
como un cartel de Se busca. Clavado a una pared
de tablones torpes, de tablas mediadas por rendijas
a través de las que atisbar al otro lado: una tentación
cegada por lo oscuro, una mentira para los ojos
de quien no verá sino sus propias
manos, las palmas afincadas
sobre la pared rugosa, alguna astilla o quizá el vaho
de pantano al otro lado. Pero no hay nada que ver,
o no hay nada que se vea. Que no es lo mismo. Regalo
torcido de la duda, ¿de veras nada que ver o es nada
que pueda verse desde aquí, nada aun cuando dilate
hasta que duelan las pupilas, aun cuando los ojos
del que atisba se acostumbren al gesto de la duda
que carcome, a toda esa oscuridad que nunca quiso?

Y todo resuena asombrosamente literario:
toda esa literatura, dice ella, un filtro o un tentempié
donde quebrar las alas de las moscas, donde quepan
el zumbido y la risa, la memoria agreste del otoño.

Le mot juste

El sabor del té como un canto o una figura
olvidada del fin, del aplomo con que habría
que encarar siempre la derrota para no
desencajarse con ella, para no abrazarla
buscando el calor del miedo. Con el que habría
que buscarle los ojos en vez de aprobarle
tácito sus aires de estío, de playa pospuesta
en un desierto donde llueve a cada rato.

El sabor del té, entonces. El sabor y los olores
que todavía no se sienten en la boca.

¡Los sabores de la antesala o el epílogo
de alguna otra cosa! Alguna ya perdida
o de antemano circunscrita a la tiniebla,
tan entreverada en su sí pero si no
y tan evidente en su ausencia, tan turgente
como la palabra que no acude a la boca todavía:
como esa palabra que sabemos bien sabida
y que sabemos aun saberla, que está ahí
(en la punta de la lengua, es así como se dice)
precisa y necesaria y la única que cabe
pero que se atora o se deshace por el limbo
imposible de las cosas negadas: ésa, la palabra
que cifra la certeza de saberla y sobre todo
el tremor inconcluso de saber que la sabemos,
de su ausencia que acompaña de algún modo.

Y también el milagro, quizá. El alto milagro quizá
(el milagro como esa palabra en la punta de la lengua)
que es tan simple que no soy capaz, que no me dejan.

Las compuertas

Cuando perdíamos lo que éramos nos decían
que si estábamos locos –decían todos al unísono–,
que si el abismo tentaba tanto como para echarlo
todo por la borda. No sabían (nadie sabe)
lo que estábamos perdiendo. No sabían, pero cómo
iban a saberlo (no hay manera) si ni nosotros
mismos ahora ya nunca lo sabremos. Si no estamos
invitados a la ponderación de los días ni a las bodas
de Píramo y Tisbe, a la convención de los milagros.

La fiesta y la convención de los milagros
y las noticias jodidas, ya sabes. El agujero
negro de la pena, otra vez. Las que corren
de boca en boca y las que no. Lo que carcome
y lo que crece y lo que fluye. Mira, escucha
el curso tibio donde se abren las compuertas,
el ruido breve que crujen al abrirse: apetito
sencillo del presente, lo que anega el cauce
seco, las orillas suspicaces incluso del pasado.
Quizá sirva de algo. Y bien puede que tampoco,
todo hay que decirlo. Pero escucha igual
lo que cuaja cuando las compuertas se acomodan
al único tiempo de lo real, al tiempo
donde lo que fue si acaso se entromete
como las memorias de una vida en el exilio,
en otro país o en otra época. Algo como un rumor
remoto en la ventana, los vaivenes
del curso simple de las aguas cuando corren.

V.

Leben im Aufschub

Ya y en toda vía, todavía, *viator*. Ya
cuando viene llegando la deshora,
el tiempo que no existe cuando queda
únicamente el *no* del ya y el todavía:
todavía no, ya no, bailando sobre el hueco,
entre el agujero negro del presente
y las campanas a rebato del Yo quiero,
y las campanas a rebato de la única
verdad que todavía y que ya no: nada
que pueda palparse con las manos
si no hay manos, nada en carne y hueso
si no hay carne, cuerpo donde asirse.

El punto seco de la muerte,
la ausencia donde las palabras no se oyen
y queda sólo la grima del vacío:
la presencia, la huella perenne del vacío.

Lo que pospone

¿Y a mí, qué me detiene? ¿Qué dolor o cuál sombra, qué culpa me detienen? ¿Lo que pospone mi vida dónde está, cómo se llama?

Quizá el horror, fue lo que dije: haberle visto la cara al horror y no saber cómo se vive sin certeza, sin el ritmo de los días seguros: saber que esa certeza ya no existe. O que bien puede no existir. Que cabe la posibilidad de que no exista o de que no sea para nosotros, que no esté y en su lugar campe únicamente y a sus anchas el vacío. La sombra de una sombra, dijeron los olvidos: y sombra de lo irreparable por eso, de lo póstumo.

La palabra horror, por supuesto, puede sustituirse por otras: lo terrible o lo jodido, el mal. La palabra es indiferente, importa sólo lo que nombra. Y lo que nombra puede padecer la trivialidad de lo arrojado al mundo, la indiferencia de un vegetal o de una piedra.

Las palabras, por supuesto, nunca son indiferentes. Son musgo, son aire, se hacen ralladura en el cuerpo pétreo de la piedra. Son lo que son, sin arreglo. Son menos únicamente cuando mienten, cuando acatan el lugar de otro, cuando son el pago de la deuda que consume al que las dice, que carcomen a quien las entrega a lo pútrido, a quien a sabiendas negocia, tantea sus razones.

A mí, ¿qué me detiene?

Nada que perder, tampoco ya nada que ganar: la memoria quizá, la memoria que no encaja en ningún sitio. O la visión urgente de ponerla en alguno, de cerrar por fin la caja. De cerrarla (fue lo que dije) aun sabiendo bien sabido que se pudo hacer todo distinto, teniendo bien sabido que nada era necesario, que bastaba abrir los ojos, pasar entre las puertas como quien retorna donde siempre estuvo.

A sabiendas de que nadie va a esperarlo a uno, que morirse no hacía falta: que bastaba llegarse allí mismo donde siempre todo.

't Waagstuck

Nadie me acompañará a ese encuentro
que en otro tiempo no hubiera sucedido.
Nadie
me dará las razones de la vuelta,
la clave de ilación de tanta, cuanta
tinta en el ropero, del orden en la línea
ante una carrera de restos sucesivos.

Divisiones una en la otra divididas
como en un juego griego donde nunca
alcanzara la piedra que se arroja
su destino: su blanco, su propia índole
el punto muerto
de los misterios más graves. Donde queda
flotando sobre la ausencia de los números,
en la ingrávida sentencia que separa
de una vez y por todas la piedra de la mano
y le sustrae en cambio el retorno adonde pesa,
y hace del otro platillo en la balanza un resto.

Los múltiplos

Veintisiete minutos, el sol sobre la piel
como un múltiplo del uno, la cadencia
donde asciende lo uno por las vértebras
y las nervaduras bajo la hoja en los canales.
Los canales que recorren las ciudades y la piel
en lo que fluye, su sustento. Los múltiplos
y la boca abierta y lo abierto adonde cabe
en el curso del milagro cuando cuaja:
lejanía ya precisa del bautismo, esa nostalgia
del reconocimiento, del primer asombro
en si nuestro lo que a todas luces, ese asombro.

(Tremor de los primeros días, de las nervaduras
bajo el agua en los canales, de las voces
extrañas. Tan remoto todo y tan de siempre,
tan preciso el gesto cuando cae).

Tan sabido, ni dicho ni dictado sino cierto.
Los pies en la tierra, las plantas sobre el musgo
húmedo del cuerpo cuando vibra
en aquella esa esta
la luz que alienta ya en su soplo, toda
esa luz que habita en propio espacio.

VI.

Rémoras

Lo que ausculta posponiendo rémoras, sombríos aguaceros. O si no, llovizna del día de antes, la víspera perpetua. ¿Qué haces, adónde van los pasos que te siguen?
—Que te llevan,
Que me llevan, dices. ¡Que la llevan, dice! Con la belleza de una nube o de un árbol, de algo mineral o vegetal y no en cambio de algo vivo. Y es justo ése el caso, anoto mentalmente. La belleza de la geografía o del paisaje, no la de la biología o aquella otra, a veces medio turbia, de la historia.
¿A veces medio turbia, dices? A veces casi siempre o es a tientas, turbión y agua revuelta, marejada de algún norte. Una belleza, dice ahora la poeta, que pertenece al relato de la historia, sí, pero no a los sucesos en sí mismos, perdidos en lo que llama actitudes rata. Que pertenece a lo ulterior.
Cuestión, dice, de la estatura propia o de la impropia, de estar, y lo subraya, o de no estar a la altura de sí mismo: alpinismos, ascensiones, exploración de túneles y catacumbas, bromeo y ella sonríe aun cuando sepamos que por esta vez no vamos a encontrar acuerdo en ningún título (*La estatura de Eichmann* o *Notas sobre el experimento Milgram* no serían a todas luces estatuto de consenso, de modo que de entrada, de antemano me los callo).
¿En qué piensas?, pregunta, ¿Todo bien?
Las nubes, que con la luz de ahora —digo—, parecen armar algo como un yunque cuya superficie reflejara el resplandor de una fragua cercana, el aura de un rojo al

rojo vivo. Luz de infrarrojo bailando sobre el cuerpo, sobre cuerpos desnudos en la semipenumbra de una sauna.

Otra versión del miedo

Dialéctica de la atracción y el rechazo, tremolancias de lo no resuelto. Que sí pero que no. Del dar y el recibir, y qué imposible situar de un lado o del otro la atracción o el rechazo, lo que es doble y no es ni propio ni es impropio. El huevo o la gallina, qué primero.

Y la proyección sobre la piel: el estereotipo, dicho rápido y mal, la formulación que disculpa abrir los ojos y mirar lo que hay. Ponerlo fuera para manejarlo mejor. Para sobrevivir. Para sobrellevar lo que no. Una fórmula del conflicto que es también una fórmula del deslizamiento, de la fuga perenne. ¿Me vas a dejar así? Te voy a dejar así. No te quiero dejar así. Te voy a dejar así. No quiero no dejarte así pero. Pero pero pero.

Y cómo se ordenan a veces las palabras de siempre sobre la piel, dermografías y vestido de palabras, estigma y entrega y al revés, su doble o su *eidolon*: un descalabro sobre histerias, versiones de lo mismo, manual clínico. Un reverso. Sobre el fondo, el fondo último, ese no saber, lo que se desea y en cambio no y para colmo sí: una versión del miedo o del mal, prestancias de lo ajeno. Ya remotas.

Mareos

Carta de marear, mareos del muro —como en ese mal chiste del borracho al que se le acabó la pared. Los pies en la pared, las manos juntas empujando el suelo. No quieres estar solo. Y yo no sé cómo, dijo ella, librarme de lo que me impide seguirme. No sé eso cómo es que se hace. Así que entonces siempre las despedidas que van y vienen, la vida interrumpida. Lo que es natural —el tiempo, el tuyo— se detiene y se corta como si se suspendiera en el aire o si se suspendiera en el vacío, una campana de cristal con ánimas que flotan. El pasado que abduce, digo por decir. En suspenso, pospuestas hasta que. Hasta la próxima vez de prometernos que la próxima. Que ahora sí, que ya está bueno.

Los centros

Los centros, los fondos. El *ground* de la cuestión o el pollo del arroz con pollo, concede incluso la poeta. *To be or not to be.* Y ahí de pronto todo se desvanece o se enturbia, todo se parte o subdivide como la tortuga de Aquiles o el *tertiur* por esta vez sí *datur* de Nicolás de Cusa, *De non aliud*: verdad y no verdad y no no verdad, y aun no no no verdad, y etcétera en el no no no no no, la aporía en su salsa. La navaja de Apeles. El corte de Apeles. La vivisección de Apeles. Ya está bien. El tiempo desollado de Apeles, *keine Zeit*.

O la aporía de duelo, ceniza sobre su cabeza y vestido rasgado en los velorios, la tortuga que siempre gana aun cuando todo es tan evidente, tan obvio, y no haya aplausos ni entrada triunfal a la meta ni haya tampoco arribo, llegar.

El hábito

Esa suerte de abstención de la duermevela, cifra de polvo. O su asiento, su sede. Mientes (ahora, de nuevo) con todo el desparpajo de la costumbre, de lo irreparable. Del tedio. Con todo el cansancio y toda la naturalidad del hábito, con toda la oscuridad y la niebla y la inconsciencia del hábito, de la dejadez del hábito. Luz en el agua, agua que corre, chorro abierto. Luego, a veces, un alto. Entre sueños todo pareciera tener su lugar o un sentido, dice. Entre sueños parece que las palabras construyeran el sentido que las reúne, orden simbólico (etcétera). Pero entre el sueño o la duermevela o el hábito, de cuando en cuando, sólo de cuando en cuando, aparece el rostro. El rostro donde sabes que. El mensajero que acude sin saberlo hacia su muerte, que desbroza sin saberlo —sin saberlo y a destajo— la deriva del hábito.

Disculpas

Nada depara más temores a veces que tu nombre, dijo la poeta. Sí, tu nombre o el mío. Una suerte de exposición, de demasiada exposición o si no de un sesgo o un vértigo, la veladura de lo que pudiera ser de otro modo, no sé si me explico (y ahora titubea, no sabe si avanzar). Por supuesto que no se explicaba. O sí, se explicaba, con atenuantes: Te explicas, dije, pero no diciendo lo que quieres decir. Sino más bien mostrándolo. Poniéndolo en escena. ¿Ah, sí? Será que me explico a mi pesar, entonces. Disculpa.

Nada depara más temores que tu nombre cuando tu nombre, añadí, es un relato o cuando se oculta como un trecho de sombra en lo no dicho.

Ah, vaya. Trecho de sombra. Ya, te entiendo, dijo. Ya se entendió. Y luego permanecimos durante un rato en silencio, en esa disculpa muda y algo pudorosa que es como una coda y que transcurre únicamente a solas. Paladeando ese alivio de haber dicho lo que no queríamos, de haberlo disuelto en palabras.

Blusa blanca

Lo que sabíamos es que todo era en el fondo tan sencillo, tan cabronamente sencillo que a veces esa llaneza o esa elementalidad o ese simple y sencillo primordial cegaban como un espejo de frente a una ventana, como un espejo enorme donde se reflejara el sol a mediodía. O convocaban vete a saber qué fantasmas, los fantasmas de la duda y los fantasmas de por qué no todavía, o los fantasmas desubicados de cómo no estar ahí donde es. Donde siempre ha sido. Los fantasmas del miedo, en ocasiones. Lo que siempre hemos sabido, dije, si es tan simple como tu piel y la mía, y la poeta asintió y luego me besó en la boca sin decir nada, algo que era más elocuente que todas las frases posibles al respecto en cinco lenguas y que a su vez comprendía, al mismo tiempo, aquel espejo enorme y la elementalidad de lo evidente y el curso de los días y la figuración de la felicidad y del abismo, de lo uno y de lo otro, y que por supuesto no puede decirse si no es en el relato anterior y posterior al instante que busca ser dicho
—O que se siente en la mano,
O que se siente en la mano. Y que busca ser dicho aunque no precise serlo, que busca ser dicho porque nos da la gana, y en ese Porque nos da la gana en su boca volvía a obrar el misterio y el nombre, blusa blanca y flores blancas y patio sabiéndose en lo que son allí y ahora y aquí, entonces ahora, y toda esa luz necesaria y bastante. Aquí, es aquí: ven, que estamos vivos. Porque nos da la gana, sí.

VII.

Schelde

Costillares del arca de Noé, omóplatos de ballena que se fingen trazas de gigante: el río –¿de qué otro modo si no?– transcurre donde empieza, transcurre donde acaba. De un punto al otro, entero y simultáneo, completo y sucesivo. No hay líneas que finjan otra vida que no sea la tuya, ni líneas tampoco de la tuya que arañen el papel,
–¿La condición de los relatos?
La condición o el tono, sí, de los relatos. Así mismo.
La verdad de los relatos, dicho de otro modo. A pesar de los rasgones en el folio. No hay líneas que tracen otra vida que no sea la tuya, ni marcas en la mano. Tampoco las del río. Los ríos empiezan y terminan allí donde empiezan y terminan, de cabo a rabo simultáneos, siempre en su transcurso. Y los papeles se deshacen en el agua, minuta de los peces, menudencia.

A propia muerte

Tu propia muerte, la que es tuya, a los umbrales.
Vivir tu propia vida supone sustraerla
a la muerte que te es propia. Y viceversa,
no hay arreglo. La voz, todo lo que anida y reconoces
a veces en la voz ¿de qué lado, dónde habita,
adónde entre esas dos, si plácidas, riberas enemigas?

Se vive contra la muerte, contra ésa
que te es propia ¿cuál si no? Sólo
se vive alejándose del fin, no hacia la muerte
o para la muerte o entregándose rendido
en abandono a la dulzura de una muerte conocida:
a su consuelo. La voz a propia muerte tiene tanto
de propia como la muerte, tanto como el fin: nada
sino el estamento del sacrificio, del dolor, más nada
y a cambio todo lo que asoma –tan reconocible
y tan propio, y tan de uno por eso– bajo la vida negada.

Ahí está todo, míralo: al alcance de la mano, al compás
de tu muerte bajo la lápida traslúcida del No. Todo
en el umbral de una voz que siempre va a mentirse
conocida, y que acaso bien lo sea en su derecho,
a buena lid: familiar y propia, aun si pontifica
trémula y confusa con el timbre inconfundible
con que se habla a los fantasmas, el tono con que vibra
tu propia voz cuando se rompe o cuando afina.

Sí, es tan propia tu muerte como la vida que sustrae
del mismo modo que las frases son las mismas
aun cuando un No las encabece. Vivirás o echarás
de menos lo mismo, lo que ha sido siempre tuyo:
lo que significan las palabras, lo que digan en la frase
que es la misma frase aunque un No te la arrebate,
que es tan tuya como la muerte que te es propia
o tan tuyo como el cuerpo de tu vida si la habitas.

La piel traslúcida

¿Cómo desfila, empieza la procesión? La procesión arranca por dentro, por supuesto: la procesión va por dentro y afuera en la piel si acaso máculas, sonrojos, transparencias. Un velo semiopaco que dejara ver lo que debajo ebulle, los tránsitos. Desvarío: pienso en la circulación de la sangre, en humores hipocráticos. De nuevo anatomías, lo que esta vez no viene a cuento ningún título o será que no estamos de ánimo. La procesión y la piel, ¿cómo decirlo? Las rutas de los trenes, así es como dice la poeta, siempre conducen a perderse. Siempre se dispersan o retornan. A ver, a ver, veamos... A perderse y regresar, afina. A perderse y regresar sin que dé tiempo a leer al derecho. Las rutas fijas siempre conducen a la vuelta, a los andenes conocidos, al otro lado de las vías: como en un espejo, dice, como tipos de imprenta en una página montada que se muestra, zas, ante un espejo de bronce. Un espejo que se atisba un segundo y luego desaparece para siempre en el sombrero de un mago.

Las preguntas

Entonces me pregunté si podría olvidarla. Me pregunté si podría o si querría el olvido, aunque las preguntas eran por supuesto una mentira, un acertijo a dado roto: de una sabía la respuesta y de la otra, me dije, no la iba a saber nunca. Una semana después todavía no podía dejar de pensar en el olvido (en el olvido y el fin), y ya había perdido algunas plantas. Volvería sobre mis pasos si pudiera, eso estaba claro.
No sé si volvería en cambio a mirarme la cara en ese espejo. Una cara que no era mía o que sólo podría serlo si las cosas fueran levemente distintas, de otra suerte.
La sombra de una sombra, dijeron los olvidos, el gesto amable de una sombra y la historia que acompaña desligada de sí. La sombra de otra sombra, pensé. No un cambio tremendo ni el repertorio contrafactual de lo irrevocable, dijo Ovidio.
Y ella que bailaba, ajena a todo: sin saltos en el tiempo o la edad sino tan sólo un mínimo desplazamiento en los objetos, la convención de su acuerdo, una pátina: la diferencia entre olvidarse o recordar, entre buscar la llave de casa donde ha estado de siempre o haberla perdido en el camino. La sombra de un duelo, dijeron los duelistas.
La noche, es cierto, parecía la primera. La noche donde habrás de resolver si puedes o si quieres el olvido que tan bien sabes que no, pero tampoco.

Dinámica del medio

el rostro en el reverso de un tapiz
que aparece un instante a contraluz.
O el timbre inolvidable de una voz.
Pero nunca el encuentro de los dos.

Severo Sarduy

Pórtico de los empeños

Los utensilios de cocina, las herramientas
precisas con que esa llave desmonta aquel tinglado
o el horno se vuelve una repisa crematoria.

¡El horno, lo crudo y lo cocido! ¡Las rutinas
de los martes! ¡La obediencia
de la dieta y de la sauna y del tono muscular!
Las risas al teléfono, los aspavientos
al teléfono, las llamadas a destiempo, las claves
aceitadas de todo lo que arranca sin pensarlo
y el sinsentido de las órdenes que bueno
quién entiende: la sonrisa del que acata
el miedo o del que huye porque el miedo
asusta, del que acata y no cumple ni consigo,
del que cumple (la sonrisa ya simétrica)
la parsimonia de lo ajeno y no lo sabe,
la de quien a sabiendas se renuncia y pierde
hasta el último diezmo, el cuenco entero.

Pues todo eso será alabado, encomiásticos
los críticos que alaben y ensalcen y canten
para bien todo aquello: la precisión del relojero,
el teléfono correcto de quien tiene la respuesta
y la suma funcional de los lugares
donde te sabes a salvo y te sabes vulnerable
a la vulgaridad del espanto. Las dos cosas.

Encomiásticos estamos. A la vulgaridad soez
de lo que no tiene sitio pero entonces.

I.

La siega

Fértiles, feraces, fementidas
filotimias a la hora del espejo, a la hora
del recreo tan paciente ante el espejo
o en el estanque de Narciso, breve azogue
que no muestra sino el rostro que no existe,
su relato a conveniencia
para solaz y esparcimiento de la nada.

El pedazo donde vive
la canción al otro lado, el lado obsceno
de las cosechas del trigo, los rituales
anuales del verano, la cabaña
oscura donde el bosque, lejos.

La balada del fuego y el arrojo

Noche de palos secos, vuelta al día
menudo del origen, menudencias:
la cocción del resplandor o ya de alguna
cierta cosa secreta, la pócima
que deslumbra las palmas, las cegadas
por la prisa: las ollas
bocabajo de todo lo pretérito. Mírate:
parece que la ropa te bailara encima
—que concitara una procesión,
una ceremonia de arrepentimientos
para despojarte al cabo de tu nombre.

El agrimensor

Noticias sumarias, breves
como líneas movedizas.

La noche en el santuario, la noche
en blanco sobre arenas movedizas.
El insomnio y todas esas rutas
que se borran del mapa poco a poco.
Ya no quedan mecenas, dice alguien
sosteniendo con las dos manos
el compás y la brújula. El plano
en blanco. Blanco de zinc, aguaceros
remotos sobre un tejado de pizarra
(sobre un techo oscuro de pizarra
que cubre el establo de las bestias)
pintado en el plano fijo donde acuden
los ángeles sin memoria de Weyler
a husmear hasta el alba como larvas.

Estraperlo

Estilos del encanto, las maneras
tan sobrias en que los amantes se despiden
a la vuelta de otra noche. A la puerta
y al andén, las manos sobre el vidrio
los ojos sobre el vidrio en la antesala
(y la víspera el relato, el sueño
aún latiéndole en los cuerpos)
de la ausencia donde sólo se previenen
sobresaltos en su estilo idóneo: protocolo
incierto del futuro ante las horas
ante los días que desandarás a solas
rumiándolo en el tren, sumido ahora
en el momento sutil donde todo se despieza.

Recámara del tránsito

Recámara del tuerto, soberano al medio
del ojo que le falta y del que tiene
al falso apremio de lo ajeno: nadie
que sostenga los espejos,
los Arnolfini de su rémora o su ausencia
presente en lo que toca al día
en la otra parcela –la de los ojos antepuestos
al presente donde parten en presente
las horas los que son, las sin espejo.
La zona breve y cegadora de la luz,
la noche del miedo a la flaqueza
y la cotidiana estampa de lo cierto:
lo propio en su estarse a propia sombra
y lo que se escabulle a lo que hay
en el tremor de la vergüenza, bajo el manto
extraño de la ira cuando torna a sus denuedos
incapaz de reconocerse en las pupilas
dilatadas y abiertas a la luz ya sin cortinas.

Dilación de la obediencia

Lo que detiene al impulso es la demencia
obediente de la espera. Sólo la obediencia
escolta el orden
que coarta lo que es, al *nomos* de lo espúreo
que se alimenta de la deuda, del reflejo
que le brinda en sujeción su contenido.

Lo aúpa a sacrificio sólo su imposible
aguafiestas, a propia muerte la de siempre:
su reverso si es que nada de lo propio habita
el espejo que devuelve demorada
la imagen ajena que no eres: una ficción
permanente y a sabiendas de que nada
alcanzará su número redondo, su cifra
a sol abierto y entera por el todo: falta
de esa cuenta la existencia, el peso
preciso con que gravita lo que existe.

Juicy Salif

Zumo de naranjas rojas, rojo casi negro
al corte del cuchillo. Matutino y sin ella,
matutino y con nieve. Tiniebla matutina
e inversa del recuerdo, de la memoria
perdida entre arces –hojas rojas como el jugo
que se escurre sobre el acero de la pieza:
bendición del buen diseño, de los objetos
amablemente atemporales. La serenidad
póstuma de las apuestas a seguro, lo que rueda
a su destino de memoria en los domingos
–a su destino cordial de pieza por sí misma,
de engranaje en el concierto de una vida.

Nana de los consejos

Siéntate de una vez y sienta
la cabeza: los rituales no asisten a la nada,
no convocan materia de otro mundo
más en orden que éste. La ventana
parece la suma de todos los testigos,
el informe de cargo. No hay otro lugar
sino el tuyo, repetido. Limpia la casa,
acoteja tu rutina entre los rasgos
profanos del rostro que te es propio.
Y olvida lo demás, concéntrate
en los pasos que rondan tu paisaje,
los pasajes a la medida del que atisba.

Acuerdo tácito el del medio

Acuerdo tácito el del medio, los oídos
a cubierto para no escuchar lo real,
para que lo real se desvanezca
en su silencio meridiano –y los ojos
ciegos, que cubra la bandana
todo lo que hay porque de verlo
asusta la evidencia. Y el vértigo: vértigo
de que tu vida sea la tuya. Y la estatura
que no se alcanza aun si sólo fuera
la tuya la que cuenta, la estatura
imaginaria de lo cierto y lo prestado.

II.

Lo que condiga

Salvada cigenética, manuales de la caza
aherrojados a los siglos. Quién condice
el puntual aserto del tiempo, de aquel día
en herrojos de su hora. Lo que convenga
a su suerte, dijo Nashe, y se despojó de su armadura.
La suerte propia es la de nadie, hecha
la propia en el desvelo: esa la única
certeza cuando al menos ese nadie se construye.
Cetrería, manuales sobados para hallar
el escondite del zorro entre aplausos y desmayos.
La desnudez propia es la segunda, la sobrevenida
con el tiempo, al momento exacto de la vuelta.
No hay mayor desvelo que la lectura, el pasapáginas
de aquellos armónicos manuales de la caza:
todo danza el agua a su retórica, nada encaja
bajo el signo que debiera –cualquier frase
se pierde en la ligera manía del matiz, en sorda
pompa de boatos. Lo que convenga a la suerte,
lo que condiga la precisa tarde de aquel día si convino
a ella con su propio aherrojo, el punto exacto
anclado al acontecimiento y el olvido.

An Almond for a Parrat

> it was no sooner borne but I was
> glad to runne from it
>
> Thomas Nashe

¡El armisticio, que se concede del reino
para los convocados, a su suerte, timonel!
La tan antigua lotería de Maisles
en la procesión de Thomas Nashe
y en las primicias de un casino único
en toda la comarca –y a toda ciencia
comarcal, quién duda: el perdón
que nunca llegó a Tomis para Ovidio
ni a tiempo para nadie. El consuelo
de los arreglos y del enlosado
de piedra, el convidado y la novicia
emparedada en la muralla norte
entre finas, curiosas baldosas de Milano.
¡Al fin, ya por fin el armisticio! El paralelo
concertará las latitudes, los conundros
de su bucólica suerte: el reino,
la del reino y la llegada
de los perdones y la nieve, fantasías
–el pregón reza– agridulces del retorno
al abecedario en orden, a la calma lesa
y postrada del hogar, a la medida
exacta de sus preces: qué timbre aguijonea
tus pregones, aguador. Quién beberá
de tales aguas con los perros de la reina.

How hardly I leave this commonplace

Las zonas y las hierbas, las zonas
donde no hayas visto nada –nada en Hiroshima,
mon amour. La hierba aquella escasa
y rala, reseca del plantío: no catástrofe
sino hábito, la naturaleza
perdida, la medio insomne en el hábito
(sonámbula). ¿Quiénes vinieron a por Thomas
la última tarde del banquete? Los viles,
los del agobio, los quemados y en herrojo
por la prisa insomne del hábito,
la del plantío a quemarropa. Ropavejeros
del Rhin o del Thámesis, de los ríos
congruentes con la geografía y la rutina
del hábito, mi amor: los de las sombras
de Tokyo en el verano, las más largas
que las más largas de Okinawa. Nadie
espera nada ahora sino el trueno, el hábito
del trueno y los desvelos. ¿Quiénes
apresaron a Thomas, a Thomas en la prisa?
Nadie, mi amor, nada, Thomas se esfumó
de Londres como si lo llevara el diablo
sin tiempo siquiera para lamentar la prisa
ni el redoble de los justos, ni las zonas
áridas del sur: el mar, la isla que separa
a los buenos de los ríos, a los peces
de la jauría hirsuta, risueña de las hienas.

None but barbers meddle with the head

Austera, sucinta. El aviso de una cabeza
expuesta en una pica. Una pesadilla
donde los trenes se conjuran
por importunar la fuga: los raíles helados
que pasada la frontera ya no encajan
con los trenes del vecino. Como trazo
de patines sobre el hielo, la línea
imposible de prever antes del salto
atrevido a la pista, el cierre de una apuesta
tácita entre amigos. En derredor y delante
avecindados esos cuerpos todos en la prisa,
por la ansiedad del equilibrio. Las puertas.
Las puertas que acordonan ese establo
como si la gravedad tuviera sus ventanas,
los sitios previstos de la pausa y del asomo
y la estela de la cuchilla en los patines,
la línea del patinador sobre su sombra.

O eloquence

Salir del sueño, levantarse a tiempo
del día del arribo, el del tránsito
en aquella estación de la frontera,
entre la del lenguaje y aquella de la afasia.
El misterio no es sólo el de tu nombre
—no es siquiera el de los nombres,
el del Crátilo. Lo que zanja
la duermevela es el misterio, el lugar
recurrente del olvido y la memoria.
La mañana, entonces. Una tormenta de polen
enfrente de los arribaderos de Breda,
en los espigones del puerto de las dudas:
las mareas donde habla
en su alta elocuencia la palabra
y los sentidos que el sueño desvanece,
que arrebata
cruzando aquellos puentes, esa sombra.

Aledaños de partida

Avíos de otra sombra, la negra del dolor
−ceguera sorda y algo gritona, quejumbrosa.
Blasones del iris, diapasón espeso del azul
derramado en mil matices. Charcos secándose
−que es lo que hace charco al charco, la medida
provisional de su nombre, de su paso
así fugaz que sólo huella transido por lo real.

Pero una avenida, en fin, de sombras,
de alimento para cuervos. Un sendero
que nadie hubiera querido transitar. Los pasos
(los pasos y los pasos y los pasos: su tic tac
cronómetro) hacia el abismo en un tiempo
imposible o remoto o tardío, bailando un círculo
abismado en un bucle interminable, su espiral
entre la caída y el principio. Adámicas
son las bestias, la reacción refleja del animal.
Lo demás es olvido y memoria y cálculos
sobre la medida del presente, más bien su área
que su tiempo propicio. Charcos. Escenarios.
Aledaños de partida, postrimería de lindes.

Charcos en fin de la sombra del deseo, pátina
aceitosa del reflejo. Saludos cordiales del ánimo
perdido: nadie si la sombra no se fija, se exorciza
como una cabaña donde se cometió adulterio
o algún rito pagano de estaciones, de solsticios:

el sol más largo quemándoles la sombra,
relamiéndoles la pátina en lo que seca un día.

III.

Noche de los cuerpos

Noche de los cuerpos. Entretinieblas
del ánimo dormido, de aquel ánimo
perdido o en letargo que remonta
su presencia sobre la noche dividida
de la carne, ahí donde resuelven breves
los apetitos del pasado su mentira.

El embite

Severos tocones de cara aislada, figurines
cercenados en las anillas de los troncos.

Las raídas figuras de antaño no hacen bien
ni cuentan ni comen fruta, mi querida poeta:
el bosque también puede ser un escenario
en las historias de miedo, en las pesadillas
donde el grito se carcome adentro en la garganta.
¿Ves los troncos? Míralo bien ¿ves todo aquel
pasado ya sin savia? Las criaturas pequeñas
roen ahora lo que pueden, viven a escondidas
su vida de los búhos. Los banderilleros
se acercan a ese estanque a cada tanto, entrenan
sumisos a las potras que en el ruedo
van a morir con ellos la misma aguada fiesta
ritual del dolor y del aplauso. Del éxito
de las orejas cortadas y del vino y de la chusma
que desganada vitorea a su ídolo, el embite
del animal ya condenado, la última estocada.

Como si en el acto último

De noche siempre es otra cosa todo. De noche
la sobrevida urge como un destino que se espanta,
un escalofrío pegado al cuerpo y a la velocidad,
a los pasos en volandas, el gesto de quien no mira
sino sólo atisba a sus costados, de la sopa
en la mesa de la aldea y las palabras
mentidas en voz alta, las palabras del sosiego
o las del condenado a muerte que condena
consigo y a menos muerte a las cortinas
y a las marmitas que aún humean, que condena
a la mujer que vierte el caldo con la mano
temblorosa atravesando ella su noche
a los insectos que se empotran en las velas
como si en el acto último salvaran la batalla.

Cien volando

Nada que hacerle, escaso o poco
su margen de alabanza en ésa
su mentira tan veraz, tanto de cuajo
de raíz en lo que arranca y superpone.
En lo que falta y vibra, en el zumbido
de lo que cae cuando cae, se despeña
libre ya en barrena: sin asuetos
ni alicientes o remedio, sin sorpresas.

Noche de los cuerpos, dices,
la del pálpito transido
por la duda que arriesgan, su marchamo.
Pálpito del margen, del cielo
remoto de los pájaros, una vista
del mundo que despoja
sobre cualquier astro su medida
y en cualquiera su último esqueleto.

Noche de la lluvia

Más de un rato tomó hacernos a lo oscuro
acomodar los ojos y las yemas
de los dedos a la playa negra. A la marea
sin cuartel de la playa a ciegas. Al misterio
cuyo sentido se pierde como arena
entre las yemas de los dedos. Y avanzamos
a tientas y a desgana, a contrapelo
hacia un lugar extraño, no ajeno sino extraño
que recuerdo poco y a fin de cuentas era poco
lo que de él podría decirse: la mención
si acaso de lo sacro, su liturgia sin que nada
lo afianzara a las palabras de este mundo.

El sitio umbrío de la ventura y de lo oscuro
(aquel sitio que no ajeno sino extraño)
desdoblándose mil veces bajo el agua,
cayendo como la noche entre la noche
en esa noche de la lluvia, la noche que no cabe
contarse ni cupiera entre las otras dicha.

Ahora escribo sombras

Ahora escribo sombras, las fugaces
retenidas en lo que las contiene de palabra
—de dientes hacia afuera, las precisas
sombras de la urdimbre y la retórica
del sueño. Las retóricas del concierto
y de la luz, poeta, las de todo eso
que dijiste las del hábil: un sesgo
quizá entreabierto a las voces del misterio
y que no cambia nada, que no aviva
por nombrarlos los rescoldos de lo ido.
O acaso sólo velado, subterráneo
en el misterio del nombre, de la pátina
con que se cubre el corazón tibio del duelo.

Sinopsis

Me tenían tres pausas, imponían
allí tres pausas a mi vida. Estaba escrito
o trazado en alguna parte sobre arena.

El relato esquivo, la sinopsis
del cuento que todavía no consigo
entresacar del sueño,
tender el puente donde estiben
su fardo las palabras, su relato
al fin del viaje desmedido,
el cruce entre la página y adentro.

IV.

La humedad de las manos a la nuca

Un junco doblado por el viento: la veleta
lábil de la atención, arremangado
hasta el suelo por la prisa. La prisa
y su doble la presciencia, medio hermanas
de siempre del asombro. Así transcurren
los días del pusilánime. Indolencia
de cuál índole o por dónde: las piruetas
de las frases en el pozo de los pobres,
amarradas a la cuerda que descuelga
—poco a poco, con cuidados y visajes—
el balde de madera, cucharones
del agua que se bebe entre las palmas,
y que siempre se escurre por el cuenco
de las manos como un recordatorio
del trabajo tardío, de los días parecidos
a otros que se parecen al pasado
—al tiempo que construyen los rituales,
la demora a sabiendas de la espera:
la humedad de las manos a la nuca
tras beber de prisa mientras ella escancie
el agua como sopa, el otoño como nunca
y aquellas tardes con promesa idéntica
a la de ayer, si lo que es mañana se verá.

La plaza de la balanza

Incipit el del medio, curso a ciegas
del hábito y el desdén. De los rumores
en torno al campo, a los proyectos
de fuga irrealizables. Silencios en la zona
gris de los partidos entre rejas,
de las partidas con las piezas
inamovibles de un ajedrez de piedra
anclado en el pasado, al centro
del fondo del pozo ciego, la cisterna
donde acarrean su agua los reclusos.

Desempeños del hábito: la denegación
postrimera de cualquier cosa que se viva.
Las preces inamovibles de la muerte
sobre un tablero donde siempre salen tablas.

La fachada

Nuestra señora de las trufas, la que cabalga
una cerda blanca, la amante de las noches
de verano: una retahíla de epítetos prestados
que velan y desvelan los insomnios
del libro de los días, la insomne fugitiva.
¡Y se queda tan ancho! La deidad, la diosa
blanca y la sacerdotisa, todo todo aquello
¿cómo es que se nombra, como hizo
Graves en Deiá, como el incesto
que no viene a cuento, el sin decir abalanzado
de Graves, como aquello con lo que no hay
nada que hacer sino su exilio? ¿Ah, no?
Pues dime cómo. Déjala, que salga de su boca
cómo es que se dice el manto blanco
de la sacerdotisa sobre la piel que sólo puede
volverse otra, otra que ya no si se traslada
al mundo de las palabras consentidas,
al mundo vertiginoso de las tardes y los días
y las noches sin ausencia sino ciertas:
la musa breve sin la sombra de su muerte.

2.
O poniéndolo al viento, como un libro
puesto a secar o las sábanas de anoche
—las sábanas con manchas, humedades
que no se van en el balcón. Las palabras
que no ruborizan al decirlas, su impudor.

3.
Las de todos los días. Y en cambio, mira
esa banderola blanca en el santuario
de las fachadas domésticas, la risa simple
de aquella mujer con el cesto de la ropa
limpia a la cadera y una pinza entre los labios,
una sonrisa napolitana y misteriosa, alejandrina
o habanera entre los labios, sin ventrílocuo,
sin muerte que arrebate lo que es propio
repetida en el gesto por los siglos de los siglos.

Esbozo de la patria

Enclave o caserío, un claro de casas
en medio de la nada: un coágulo
de nombres de familia, propiedades
más o menos vetustas, las cosechas
y el pozo de siempre, el de toda la vida,
el hoyo donde ofician preces los domingos
los niños que heredarán sus atributos:
la templanza, la constancia, la dulce
vaguedad del círculo y del balde de madera
que a veces recoge la fortuna, a veces
piedra o algas, peces ciegos del abismo,
los amuletos que el párroco bendice
limpiándoles el limo, descamándoles
el lomo hasta la carne, su médula tardía.

Pompeya, 1956

Nadie nos dijo cómo se llamaba
la mujer de la túnica rasgada. Los nombres
aunque lo parezcan no resuelven el misterio.
Un nombre no resuelve nada, dijo el guía:
oculta únicamente lo que es dado, resta
su dolor a lo que es breve, y poco es breve
cuando transcurre a su destiempo, póstumo.
La inglesa de las fotos sonrió, dijo que a ella
los fantasmas la protegían desde niña
y enseguida cerró el pico y más nadie dijo
nada ni falta que hizo para que la brisa
de la mañana se quedara congelada. La brisa
y la bruma, las antiguas amigas del misterio.
Tampoco sé de qué se sostenía, qué conspiración
aliviaba su retiro en las laderas del Vesubio.
La vimos una o dos veces más, perdiéndose
entre la niebla, en un recodo seco
de lava, desaparecer como quien se sintiera
de más en este mundo. Como quien disculpa
de su presencia a un antiguo amante
cuya vida no hace sino prolongar la propia
al reposarla como un poso en lo vicario.

Resabios

Que no sabías cómo, dices, que cómo
es que se hace lo que sin hacer no sabes,
la tartaja
previa del miedo y los remiendos.
Y que el tono y la medida, y la paciencia
hecha jirones como un trapo
de oración, una banderola tibetana
en alguna parte que no es suya:
un adorno, simulacro vano del principio.
Que las tardes perdidas, y la vida
(la que no merezco o te mereces).
Todo eso, dices. Y por una vez es cierto.
Y que acudirán las horas, que de nuevo
los siglos que se acaban (aun sin término)
–las partidas imprecisas, los arribos
una sombra prestada ante la puerta
donde se camuflan en promesa los adioses.

Los sonámbulos

Poblado de santos, poblado de los espacios
donde el émbolo gravita. El joven Broch
padecía la mala suerte, llegaba (así leo, ligero
sobresalto) con algo de retraso a todas partes.

La vida es lo que se habita en una casa,
la cercanía natural de los objetos
avecindados por lo propio. La mala suerte
(un poblado de silencios y de sótanos
a cubierto de palabras: los refugios
de la vergüenza o del éxtasis, de los ángeles
urgidos a la puerta de Lot, los precisados
por la bondad del sacrificio) se padece
—leo de nuevo—: La mala suerte
se padece, no se criba ni se actúa
y he ahí al buen Hermann, despreocupado
de sí (dice otro más) como quien no atiende
a buen tiempo un dolor, una molestia
coyuntural en el estómago. Caminaba
(dice Canetti) de un sitio a otro, urgido
siempre por la prisa: transitaba de una persona
a otra como quien caminara de una fuga
a la siguiente, como si la única certeza
fuera la del tiempo fugitivo. La vida
—barrunta una sombra, un aparecido fugaz—
es lo que se habita de una casa, los espacios
o las maneras que cunden en su estilo
y se extrañan de antemano la víspera del viaje.

Piedra segunda

Y dónde es que prefieres escribir –dime–
en qué cuaderno o en qué plaza,
sobre qué papel o qué remedio. Sólo ésa
ahora la única ventura,
la sombra que cobija. Piensa en eso, dijo.

Pienso en eso –y no sé si me escuchaba–
a ciegas todas las mañanas, me devuelvo
a ese espejo tras la huella
de lo que fue nítido en el sueño. Lo pienso
y cuando acabo de pensarlo, cuando empiezo
me regreso al sueño, a la certeza
de lo que no precisa otra forma que la suya.

Si eres vulnerable te harán daño, dijo. Sálvate
de una buena vez de la pregunta equivocada,
de la respuesta exacta y pertinente
a la pregunta equivocada. Los oráculos
responden en espejo, tras el azogue del miedo.
En el enigma, en la incertidumbre de una buena
frase, de un escalofrío preciso en el reproche.
Escribir te va a salvar, créeme. Escribir –la huella
que tal vez ni siquiera te interesa, la marca
sobre el barro del mundo, aquella pátina
del barro aun cuando debajo siga incólume.

Las volutas

Dulzona dejadez de avistamiento,
de entrevistos (nadie asoma
la cabeza en estos casos: calma
tan caliente del desierto, del páramo).

Cuando veníamos de tardes al mercado
agotábamos toda la ruta haciendo planes:
tus libros y mi vida, el orden que venía
para quedarse en la tuya, los asuetos
a destajo de los días, de la sombra
nocturna que acompaña a los mortales.
No veníamos para nada, no alcanzábamos
a dibujarle reposo a aquella estría.
Porque eso era, aquello aparentaba:
una estría, la marca de un ensanchamiento
imprevisto de la sombra, del tiempo
en la reminiscencia al cabo de la vuelta,
su espiral
entre las volutas que tu mano aparecía.

Créeme: Nadie alcanza una estancia parecida
un lugar tan alto como el del equilibrista.

Penélope conversa su destino

Aliviándote de ti: suspensiones en la muerte,
consuelo perenne y diferido del momento
en su mentira consentida, la ilusión de si lo hice
todo o lo hice bien, si lo intenté. Y las certezas
remotas allá lejos y aún brillando en la llovizna,
hozando todavía sobre el barro. Todo hundido
y aún con brillo: como el tornasol fugaz,
el encuentro que hace tan grato el lodazal
de la cochiquera de Eumeo el porquerizo
–el primer reconocido, el hombre de los puercos:
el cadáver que no estaba en la fiesta del banquete,
en la fiesta del arco de Eúrito, la mirilla de Odiseo
porque fue de siempre cadáver al principio.

Coda

Cuando lo pienso veo tu boca, dije: labios
rumiando siempre a solas las preguntas
que aún te valga hacernos, las piezas
menudas del aún, temblando entre esa vida
como si algo distinto, como si hubiera
aun en el sueño algo más preciso, un trazo
resuelto y disponible, algo más palpable.

Ítaca

La noche a cuestas, la ristra de los títulos
que aún no alcanzan su lugar
en la estantería de las tardes, bajo la paz
de las tardes donde reposa
la mirada la suya: su paz propia.

A veces frente al espejo te habla
una voz que es un susurro que es un toque
quedo en el murmullo: un gesto
(casi un gesto) mudo de lo propio.

V.

La porfía

La casa a cuestas, la casa tan inmóvil
como cualquier otro artilugio
frágil y pórtatil: algo que cuidar
y que traerse a sitios peligrosos,
a fiestas donde puede, bien que cabe
que no te quieran ni en pintura
(ni pintados, el uno para el otro).

Y el espejo y la noche. Aquel espejo
que parece gritar Regrésate ya de una vez
a tus jardines: Vuélvete a los predios
del miedo conocido y que ya sabes
conjurar tan bien si permaneces lejos.

La grieta

Una grieta torcida donde el cuenco filtra
en los días espectrales, en la noche
la luz de aquella tarde cuando reventaba
en cuatro pedazos como pétalos, trueno
del suelo en la rabieta –da lo mismo–
de un fantasma o del miedo, ay, del miedo
–una caída casual entre el capricho
de unos niños tirando a cada lado
de las cartas sin respuesta antes de un viaje
de verano, y carpas ambulantes, la autopista
y la sonrisa mentida, esa sonrisa
de aquí no pasa nada, todo en orden.

Y el arte luego del arreglo, de la enmienda:
desasimientos, deshaceres, si deshecha
resina de coníferas, resina de las playas
de todas esas playas –de lo cósmico–
donde no habrás nunca puesto el pie,
nunca del todo –siempre el ruido, el trueno
quebrándose en pedazos de la máquina
del tiempo, la moledora de culpas, la tardía.

Pabellones del reposo

Un diccionario tan escaso de palabras
que las únicas que cuentan son repaso
y alguna otra mención que poco importa
ahora de la noche previa: su promesa
para los días que median, si es que hay días
hasta la próxima o si hay otra, si el verano
no se ahoga entretanto a la intemperie
o bajo la máquina del miedo. El pasado
y la intemperie, los dos temas que recurren
entre la piel y la carne, a la sombra del deseo
y de los cuerpos conocidos. De los cuerpos
que acarrearán hasta la balanza de las almas
sonrientes los doctores y en halago
los ángeles y alaridos los diablitos: la multitud
por encargo del caso. Lo vacío pesa poco
aun si hace mella contra el fuego de la hoguera
–aun si algo crepita, todavía algo que resta
en el compás de la paciencia, en la simétrica
sonrisa de Escher: las plazas imposibles,
los pabellones abiertos del reposo y del suicida.

El trazo que debajo

Una vida en alguna parte, acuérdate:
aquella otra distinta de la que por sentado
figuraba de antemano, la cifrada
en el mapa de los órdenes, la que se quedó
por siempre la incumplida. Ésa que debajo
de la que transcurre suman dos aun si se resta.

Dos: una y su resto. Una y su merma
en la que ninguna pero en cambio sigue allí,
sorda y debajo. Y las gaviotas: la gaviota
que acude una y otra vez al mismo sitio del olvido,
un sitio donde abalanzarse, el fuero sin nombre
que otra vez acude como el centro del poema
–un pájaro que parece de verdad. Que pareciera
atado a un presente sin desmedro ni rémora: glosa
de la sombra o la urdimbre de los días, del mástil
seguro desde donde Ulises contempla las sirenas.

2.
Matemáticas: dos por la que no fue, las cuentas
claras. Dos si bien se mira cuando asoma
a destiempo como los domingos o el perdón,
cosas menudas en el bolsillo de un abrigo:
esa vida como un fantasma sin reposo bajo el suelo,
entre las tardes felices. La larva que a los vivos
echa amarga en cara su perenne
estarse en otro sitio, su vida que es la única

sin merma: el trazo que recurre entre puntos
y entreseñas, las líneas perdidas que destraban
de nuevo la conversación, las que reposan
sordas bajo lo idéntico. Mudas —salvo en el consuelo
donde todo lo que no fue siempre se sustrae
en su cuota, su medida. Salvo en el consuelo en esa
tan paupérrima antesala, las arenas
siempre movedizas del adiós y lo que empieza.

En las marismas

Bajo los tilos la noche, una mañana
que pareciera mediodía y no lo alcanza. Blanco
de plomo, lienzos envenenados
bajo la cámara secreta del mandato.

Y allá fuera el bosque y la noche,
siempre afuera tus jardines
secretos del recuerdo. Incluso el tramo
recorrido esta mañana es ya remoto
olvido, aguacero donde el vértigo
borró en barro la medida de las cosas:
vendaval del vértigo, turbión que nubla
las certezas que no mienten ni trasiegan
con los remedos habituales, los relatos
provisorios siempre del tránsito o el sueño
—porque el olvido es el silencio, es esa tumba
callada y sin nombre en las marismas—
que sólo se descoyuntan si hay palabras
o en el cuerpo abierto del olvido a secas
—las vueltas, el peso sordo del retumbo
cuando se lo arroja sin sus óleos a la fosa.

La heráldica

> Bronwyn, el horizonte es una casa:
> (la imagen incendiada de una casa).
>
> J. E. Cirlot

Resabios de lo innombrable: una estaca
cruzada por un clavo en el corazón
de los murciélagos, en el diafragma del orden
(su entrecortado aliento susurra cómo el caos
va y viene y se derrama de a poco entre las cosas).
Y el año nuevo y los ciclos de la vida,
las estaciones de una en fondo, sucesivas
como cabe esperar. Las cuatro estaciones
que se suceden como en el libro de horas
de la duquesa de Anjou. La heráldica,
la heráldica –acanto y oro–, los sigilos
cargados de un manotazo en el esfuerzo
de párpados abajo, porque sea más oscura
la noche y el sueño ya se cumpla, no demore.

Del pasado a sabiendas

Su tantálico edredón de siete piernas,
sauna de los números. Ninguna alberca
donde quepan las horas de esa siesta:
más bien el corte, el césped fragante
segado por la prisa. Afuera en cambio
los tránsitos medidos: la tranquilidad,
la cabeza bajo tierra de un nervioso
rebaño de avestruces. La colada, canastas
de mimbre repletas de sus sábanas, la incierta
tonsura ritual de las partidas. El pasado
devuelto a su esqueleto, a su maleable
condición para el relato. A la oscura
materia de lo informe, sin palabras
que recubran los recuerdos, que apuntalen
la sombra de su rémora o lo salven
fijo en lo que era. Ahora sabes que el tiempo
va a correr pausado como suele: ya no hay horas
que no sean una muesca en la ventana,
un trazo perdido que ayude a la memoria
a inventarles un sentido o un sesgo, alguna
medida aun en curso donde encajen.

De la constancia inútil

La ciega epifanía, el despecho ciego de lo cierto
cobrando sus deberes: más valdrá lo que menos
porque a su valor se le sumó lo que más, el monto
inabarcable de todas las renuncias –y he ahí toda
la ética, la carga sacrificial de los suicidios.
Una estiba, un contrapunto: más por menos
que ya por el sacrificio valdrá más. Y quién
decide la víctima, cuál rueda oscura la que elige
a quien lo vaya a perder todo para nada, para menos
de lo que hinfla el sacrificio como a un globo
de sangre o un intestino de oveja, superficie
ya manchada de vísceras o grasa
oronda como de animal en el establo, cebado
en muerte de tu belleza entera, el cargo inútil.

Lo irreparable es la desolación del sacrificio,
la rutinaria constancia de su fortuna inane.
Lo irreparable cunde cuando nada
se atiene a la medida del deseo. Cuando el tiempo
ya no significa otra cosa que la merma de los días,
la cuenta que cubre la distancia
entre la muesca del sentido y el vacío.

Y siempre luego

Y luego las parcas del alborozo, las señoras
embozadas del desastre. Un jolgorio, también
—plusvalía anónima y sin dueño, concertadas
en mínimo conciliábulo, en la humareda
que disfrazan de nube o de silencio. Van
y vienen como en la noche, en la humedad
incierta de todo lo prestado. Cuchichean
como en la ya altísima madrugada del velorio
cuando los roles de mañana se reparten
al filo de toda despedida: quién reposa o quién
se ocupe mañana de los trámites, nombres
—los días y sus noches, los cuerpos de una vida—
en la baraja de quién se queda y quién se va.

VI.

A menos tiento

Abajo o arriba, sótano o buhardilla,
reposa su orden lo no dicho: las maletas
gastadas por el peso de los viajes, los arcones
de madera y cuero que cruzaron
el Atlántico y volvieron más ligeros
en su peso exacto: la alquimia del estaño
hace milagros, aligera lo tardío
como en rebaja de abarrotes o de feria.

Los cuadernos negros

Que dónde iba cuando no volvía o qué
me esperaba al otro lado (siempre
lo quería saber todo. De ahí las notas,
esos diarios de ávida caligrafía de mosca
danzante sobre papel pautado: los relatos
que solventaran todas las preguntas
como en juego de naipes entre humo).

¿Y qué fue de los cuadernos secretos?

Los relatos del vértigo y el sueño:
con la letra menuda –menuda y nerviosa–
de una mano que también habrá temblado
y padecido los rigores de este invierno
en la nostalgia de una vida menos árida
(articulaciones que adelantan la artritis,
declive en frío de toda caligrafía ulterior).

Y de las lámparas rotas, las inútiles. Los aperos
de labranza de otro tiempo –préstamos:
del que no llega y se sabe ya remoto–
y los baúles llenos de serrín, los camisones
de antaño, lo que fue el vestido
blanco para un baile ya perdido, los zapatos
para aquel baile descalza sobre el césped
hecho hilachas en memoria de otra vida
que ya no será la tuya hasta mañana

o hasta la próxima mentira a menos tiento,
la condena ya devuelta en los altares.

El gran cisma

Pobres pausas pautadas por el pobre
ritmo de lo que acontece en torno,
la sustracción del dolor o de la duda.
Esa manera tan precisa para caldos
de domingo. Veteranías, veteranías:
ansiedades, las ventanas de un edificio
ajeno y las ventanas congeladas. La forma
inadvertida del vuelo, del mapa,
de las rutas donde todo se despieza
en agreste llanura sin presente
para recomponerse certero en el olvido.

Del verano en Delft

Las pasiones. Dos manzanas atoradas
de una mordida, las calles que no vas
a poder recordar de aquel tiempo –¿qué
pasiones? ¿Qué calles?
El sonido de la lluvia y el olor
de la lluvia, un sonido y un olor
con la característica de sentirse únicamente
cuando empieza la lluvia o cuando acaba.
¿Qué lluvia? ¿Qué jardines? Algo parecido
al cansancio con que al término del día
se recogen sin prisa las cosas en la playa,
se sacuden
las ropas y la arena y se permite uno
las olas otra vez, seguir de nuevo
los pies de quien se marcha ya calzado.

La estiba

La disposición de las palabras, el carboncillo
perpetuo de las frases en esbozo.

No era eso lo voluble, lo incierto, ni siquiera
lo tremendo del derroche. Sino las rodillas,
los codos, las porciones del cuerpo
tan flexible cuando quiere. Y qué bien
que lo sabíamos, y cuánta la fe y cuánto
empeño a este lado del río, la otra orilla,
los lugares frecuentes
donde lo que se resiente pareciera
ser sólo suerte de memoria, una promesa
de tiempo, del objetivo de una cámara
—numeritos en el lente, un cálculo
de presciencia, de memoria inversa,
de imagen movida como si no supiéramos
ninguno de los dos el equilibrio
ni la fuerza de los golpes: la estiba
que acompaña siempre a los mendaces.

Arte de la enmienda

Trozos duros de resina, en el mercado
donde se compra –lejos de su sitio– todo:
importaciones, componendas, las rutas
figuradas de la seda y las coníferas
extrañas. El futuro. Las creencias de familia,
los rituales terrenales (el arreglo, el pacto)
de una vida normal. Las resinas de quién sabe
dónde y las aves de averigua, los remedios
chinos. El olor de la resina en la marmita
impregnada sobre el cobre, un barniz
que tardará en desaparecer, el veneno residual
que a cuentagotas se irá yendo a las comidas
e irá sustrayéndote al deseo. El cuenco
roto de tu vida, tanta paciencia para el arte
del arreglo y tanta constancia en la cocina
donde se cuece cada plato con venenos
cristalizados, con el ventarrón de aquel mínimo
desastre en torno a un tiesto roto, a una caída
casual e irreparable, los contornos de una vida
perdida que no es tuya y se deshace en nada.

Ante la aduana

> La rueca onfálica de la distancia
> R Hernández Novás

El preámbulo inmóvil bajo el manto
que teje Penélope y desteje: las manos
sin nada que ofrecer. Las palmas sudorosas
cruzadas a la espalda y la memoria
perdida en el recuento de lo real
—en las amarras entre las palabras y lo real.

Y los pedales de la rueca cuando el hilo
de lana ya se acaba, rastro y resto
y pista, y cicatrices. Velas negras al retorno,
Ariadna. Ni el laberinto ni tu vida
se desbrozarán en la madeja de la ira,
en pedales furtivos o hilo suspendido.
No hay salvoconducto ni hay primicia
que allane trámites: nada, nada que procure
la sonrisa o la disculpa. Sola la presencia
y la frontera, quizá el vértigo. Nada
que anule lo que es tuyo. Y no, tampoco
nada que por ti declare lo que es propio
bajo la forma de lo real desde el principio.

Delgada sombra

Delgada sombra del amor, consuelo
clavado en tierra, dosis blanca
y tibia del verano: el ánimo del rostro
y el aliento que no cejan hechos hielo
mas se escurren piel abajo ante la luz,
torrente entre la sangre y lo que late.

Más que sus afluentes siempre el río,
más que la cadencia con que el agua
pasa queda el río que devuelve sus azoros
a su medida heraclitana: el mismo frío
del invierno pasado, idéntica penumbra
húmeda en camino, el peso exacto
de las piedras en boca de los muertos.

Las brazadas

Captación pugnaz de su horizonte,
la enseña
pugnaz de todo lo ya ido. Las palabras,
al mar y de nuevo las palabras
sucias de todo lo prestado, lo que curan
el agua salada y el áloe,
las buenas tardes
transcurridas en la arena de septiembre:
y qué sino tu nombre, qué sino destino
avizorado o consentido, esa costra
que se despega en la gaviota
por un instante sumergida, plata en pez
—el hambre franca
del picado y la repetición, su constancia
sin memoria, sin memoria, sin rémora.

VII.

Con qué cuerpo el arúspice interroga

Con qué cuerpo el arúspice interroga
las vísceras de los pájaros, cuál el cuerpo
que trasiega su alta lontananza, la lejanía
habida a entremedias del humo y de los sueños.
Con qué cuerpo el arúspice
se acerca a la nuca de la amada, a la nuca
frágil de la amada. Nadie finge su demora,
nadie exige —nadie exento tampoco de su pálpito—
el fin ceremonial de los augurios, la firme
claridad del trazo conducido a propia mano.
Los pronósticos conducen a la nada,
al desvarío del cisma y la locura: la infinita
espera por la causa que no llega,
la ansiedad del vértigo perdido. Los asomos
de la penumbra sobre el cuerpo, y cuál
el del arúspice cuando acude a su llamado
—en la división de las penas y los panes, de los peces
del milagro siempre prometidos. Con qué mano
se sostiene la mano que ahonda entre las vísceras
del sacrificio a la sombra de su abrigo:
cuál alienta, qué lo que la mueve cuando aprieta
entre las suyas la otra aun si turbia, firme del misterio.

Lago Constanza

Némesis del mar, tan concitada
paciencia a buen recaudo: sacrificio
y oración, la luz de la lectura
en diagonal sobre la mesa. El lago
como un espejo de lo inmóvil,
lontananzas que ni siquiera en horizonte
y las tardes de los días que se apuran
y el valor: sacrificio y palmas ofrecidas
hacia arriba por mor de la constancia,
citadella en apuros, *damsel in distress*.
Y el coágulo. La sangre que ya no surca
el rostro sobre el síndone, la detenida
en el tiempo exacto de la ausencia
y del transcurso y el delirio, el lienzo
que ya para la imagen cobija sólo aire.

Curva de lo propio

Fragmentos a cuyo imán acuden
las virutas tenues de lo inerte. El imán
traza una parábola en el aire con lo propio,
un sesgo congruente. La congruencia
y el absurdo, los viejos padres necios
de toda ciencia –aun si de la ciencia
ciega del destino, aun si de la forma
y lo que a su centro alienta: lo que guía
esa curva que a lo uno restituya
los que ahora en su merma son fragmentos
sucesivos y distintos aun cuando persigan
en aquel contorno que trazan de evidencia
toda verdad de cuando acuden a lo suyo,
de ahora la propia curva que hace al vuelo.